性別平等教育

教學資源手冊

丁雪茵　主編
丁雪茵、蔡志東、包康寧、陳靜妃、王千倖　著

目次

第一章　生理性別 ·································· 1

第二章　性別認同 ································ 31

第三章　性別刻板印象 ··························· 57

主編與作者簡介

丁雪茵
　　學歷：美國伊利諾大學香檳分校課程與教學哲學博士
　　現任：國立清華大學幼兒教育學系副教授
　　　　　國立清華大學性/別教育發展中心主任

蔡志東
　　學歷：國防醫學院生命科學所博士
　　現任：新竹市築心生命教育協會理事長

包康寧
　　學歷：國立臺灣師範大學教育心理與輔導研究所碩士
　　現任：臺北市立螢橋國中教師兼輔導主任

陳靜妃
　　學歷：國立彰化師範大學特殊教育學系學士
　　現任：國立和美實驗學校教師

王千倖
　　學歷：美國北科羅拉多大學博士
　　現任：國立彰化師範大學教育研究所兼任教授

各界推薦

　　性別平等係普世的價值，以教育方式促進性別地位之實質平等，需豐富性別平等之教育資源。一群教育工作者在十二年國教即將實施時，費時近兩年將性／性別之多樣化（sex/gender diversity）中所涵蓋的重要名詞及面向從事學術探討，方便各級學校教師經由教學達成所期待之學生核心素養。盼望在未來社會中，性別間能更加互相尊重、和諧與平等！

～晏涵文（國立臺灣師範大學健康促進與衛生教育學系教授退休、
杏陵醫學基金會執行長）

　　近年來，性平教育在多方討論與參與下，日益受到重視，但對於性平教育究竟要如何教、教些什麼，仍亟需系統性的教材供第一線教師參考。本書針對性平教育領域中的基本核心概念進行梳理，提供案例資料，旁徵博引，可以作為教師教學的好幫手！

～王秀槐（國立臺灣大學師資培育中心教授）

　　全人發展的性別平等教育，「男性不等於男人，女性也不等於女人」，前者的男性與女性是一種經社會化的刻板性別角色；後者則是從全人發展的教育觀點，期待培養下一代具剛柔並濟性別角色的「全人」。這本教學資源手冊能從學理上，完整梳理生理性別、心理性別、社會性別、性傾向及性別歧視等在推展性別平等教育時容易混淆的相關重要概念，相當有助於國內「全人發展」的性別平等教育之落實，個人很樂意推薦給大家。

～高松景（國立臺灣師範大學師資培育學院助理教授、
前台灣性教育學會理事長、前臺北市立大理高中校長）

　　本手冊歷經兩年用心編寫，清楚定義核心概念並深入探討，每章之教學原則、真實案例、豐富多樣的參考資源，可供教學現場實務運用，十分有助於性別平等教育回歸教育本質、進行專業對話，俾利我國性別平等教育之推動與落實。

～張文昌（臺北市性別平等教育委員會委員、
前臺北市教師會理事長、臺北市立松山家商教師）

前言

　　《性別平等教育法》自 2004 年實施至今，已歷經十多年時間，在教育部積極推動之下，各級學校漸漸重視學生性別平等教育，學生的性別平等意識也有效提升許多。然而，在推動的過程中，部分教材內容也引發社會爭議，使得家長對性別平等教育產生疑慮。為了使性別平等教育能繼續順利推動，也基於教育的使命感及對下一代身心健康發展的關切，幾位學者專家及教師們決定一起編輯這本教學資源手冊。

　　針對性別平等教育中的幾個重要概念，包括：生理性別、性別認同（心理性別）、性別刻板印象（社會性別）、性傾向、性別平等／歧視等，我們蒐集、閱讀並統整相關研究或文獻，嘗試釐清其定義與內涵，並從兒童發展與教育觀點提供一些教學原則；對於仍有爭議的議題，我們則盡力了解各方觀點並加以呈現。希望可以充實教師及教科書編輯者的基本知識，以做為教材編輯及教學的參考。

　　本手冊之編輯要感謝一群專業志工團隊（包括學者專家及現場教師），一年多以來犧牲無數個假期共同討論，如今才得以完成。最後，也要感謝晏涵文教授、莊明貞教授、鄭其嘉教授、高松景教授、王秀槐教授、錢玉芬教授、潘榮隆教授、王道維教授、劉慈惠教授，以及許瑛珍教授等人協助審閱並提供修正意見，使本手冊更加完善。由於篇幅有限，部分審閱委員所建議補充之內容尚無法全部納入本手冊中，希望在不久的未來，再將更多相關主題納入第二本教學資源手冊。

　　本手冊若還有不盡完美之處，請不吝指教，我們當謙卑改進。惟願跟大家一起努力，讓下一代能有更好的教育！

丁雪茵

國立清華大學竹師教育學院

性/別教育發展中心

ting@mail.nd.nthu.edu.tw

2018 年 10 月 31 日

性別平等教育 教學資源手冊

導論：基本理念

　　每一本書都有其觀點，關於學校教育與性別平等教育，我們的基本理念如下。

壹、關於學校教育的目的

　　教育應同時考量教育哲學、社會學、心理學等三大面向，其本質應該是正向引導。學校教育的目的在於協助學生發展成為「全人」、幫助學生正向發展及學習健康行為，在個人的特殊性與社會共同規範之間取得一個和諧平衡的關係與定位，使個人可以在社會中追求自我的發展與實現。

貳、關於學校教育與社會的關係

　　學校教育與社會現況誠然需要接軌，但不宜直接移植所有的社會現象於校園中，應有適當的區隔。國民教育具有傳承共同文化價值的角色與功能，教育內容應有社會共識為基礎，並以引導學生朝向健康之身心發展為目標。兒童及青少年正值建立價值觀的時期，應當強調正向引導，協助其建構適當的價值觀，朝向更積極正面的方向發展。正向的社會規範對國中小學生具有保護與引導的功能，因此應教導學生了解社會規範的意義及其對自己的正面影響。至於多元社會中的負向多元（即在道德上不被接受的多元，如仇恨的信念、違反人權的行為等）（Lickona, 2002）[1]，學校教育不宜主動傳遞。若遇學生有個別特殊經驗出現時，則宜啟動輔導機制，因應個別差異與需求，提供量身訂做的個案協助方案，俾使少數也能受到照顧。至於爭議的多元（Lickona, 2002），若要納入國民教育中，則應待社會有相當的共識後，再決定是否編入教材。且教師在介紹議題時，應忠實與平衡呈現不同觀點，避免灌輸特定單一的意識型態，以培養學生思辨能力及尊重包容的品格。

---

[1] Lickona, T. (2002). Making sense of tolerance and diversity. *The Fourth and Fifth Rs, 8*(2), 2-4. Retrieved from http://character-education.info/Articles/tolerancemakingsense.pdf

參、關於性別平等教育的目的

依據《性別平等教育法》第 2 條：「……性別平等教育：指以教育方式教導尊重多元性別差異，消除性別歧視，促進性別地位之實質平等。」性別平等教育之主要目的應在培養「尊重」的態度與行為，幫助學生學習尊重包容「與自己不一樣的人」，而非灌輸「內容知識」或一味強化特定的意識型態。因此，性別平等教育應以生命教育及品格教育為根基：透過生命教育，使學生了解每個生命都同樣珍貴、有價值；透過品格教育，使學生養成尊重的態度與行為。

此外，在多元社會中，教師也需要了解，「尊重」並不等於「全然認同」，即便不認同對方觀點或行為，我們仍要學習彼此傾聽、理解並尊重對方表達的權利。專業的教育工作者應具備自我覺察的能力，並且願意聆聽不同觀點，在面對社會上尚未有共識的爭議性議題時，教師應以適齡的方式呈現各種不同觀點並帶領學生反思，以培養學生思辨的能力，並學習尊重包容不同觀點。

肆、關於性別平等教育的實踐

一、性別平等教育的教學內容應根據生命發展階段及教育心理學來設計

教材教法應該符合以下幾個標準：

1. **適齡性**：教育內容與方法應符合受教者年齡，教師宜依據學生的認知思考、語言、社會情緒發展階段來選擇適當的教材教法。

2. **實證性**：多樣性與尊重應植基於正確知識，教師所呈現的知識應以紮實的實徵研究及理論為基礎。

3. **平衡性**：對尚無定論的議題，教師應呈現不同的觀點。

4. **周延性**：教學內容應完整涵蓋科學、社會文化、道德、法律、倫理、健康（含疾病預防）等面向。

5. **合法性**：所提供之資訊皆應為已確定、合法的資訊。

二、使用正向教學，多提供正面示範

面對負向的現存社會現象（如性別霸凌），學校應使用正向教學、多提供正向的選擇與示範。有關價值觀、倫理道德等都是屬於情意領域，而情意領域的教學目標層次應是幫助學生從接收（receiving，注意到訊息）、反應（responding，會想參與），到看重（valuing）。有了這些基礎後，在面對不同價值觀時，才能組織（organizing，判斷孰輕、孰重），最後才能整合成為人格的一部分（characterizing）（Krathwohl, Bloom, & Masia, 1964）[2]。此外，教師應注意社會學習的影響力，「潛在課程」往往比「正式課程」更重要，尤其國民教育是奠基階段，應多呈現正向教材或示範正向行為，以奠定學生正向的心理行為模式。

三、培養思辨素養，以價值澄清取代價值灌輸；爭議性議題則開放不同觀點表達，以培養尊重的態度

傳統教育傾向以價值灌輸方式進行教育，但面對現今多元的社會，宜培養學生的「思辨」（critical thinking）素養。思辨並不是只會批評（criticizing）或反對，真正的思辨強調的是要能從多方角度看問題，並能檢視每項理由的可接受性，藉由比較與評價後，才有所選擇。學生要先有正確的感知（多元看法，廣泛蒐集各種理由、證據），才能有正確的批判。尤其是在具爭議性的議題上，應引導學生從支持與反對的雙方面觀點去看待問題，比較各方所提出的理由，例如：訊息提供者是否是公平、客觀，或是偏頗、有利益糾葛；是否為獨立的多方證據，或源自相似來源的例證；是廣泛觀點，或是以偏概全；是嚴謹、長期的研究證據，或只是侷限於個人經驗的觀點。透過思辨之討論，才能釐清與建立自己的價值觀。因此，對於社會上仍具爭議性的議題，應開放學生不同觀點表達的機會，以培養學生批判思考的能力及尊重不同價值觀的態度。

四、教育與輔導兼顧，兩者相輔相成

教育屬於初級預防，強調正向成長引導；輔導則偏重二、三級預防，

---

[2] Krathwohl, D. R., Bloom, B. S., & Masia, B. B. (1964). *Taxonomy of educational objectives: The classification of educational goals, Handbook II: Affective domain*. New York, NY: David McKay.

強調問題處理。學校課程皆為大班上課，為避免團體授課對少數人造成無形的壓迫，課程內容應以社會普遍認同的知識為主。至於有特殊需求的少數學生，則可以小組教育的方式或交由具備輔導專業知能的老師個別關懷。尤需注意有關學生個人隱私的案例，若在班上公開談論，可能會引發傷害，因此建議以個別輔導方式審慎進行。

五、校園霸凌的預防，可從幫助學生了解身心發展的「差異」常態及個人特質的多樣性著手，培養同理心，並學習適當的行為

一般霸凌的問題，常源於個案的特質與大多數學生有所差異，因此應該幫助孩子以平常心看待自己與他人的「差異」，接納自己與他人的獨特性。幫助學生了解一般的成長曲線，同時強調發展速度本來就有個別差異性（包括體型、性特徵與行為表現等），兒童及青少年時期的「不同」狀態，並不代表永遠的不同。也要讓學生了解，個人特質（或氣質）原本就具多元性與變化性。教師可幫助減輕少數弱勢者對自我形象的焦慮，也可使同儕中的強勢者減少性別霸凌的理由。此可透過真實案例、角色扮演、討論等方式，來幫助學生體會同理弱勢少數人的處境，並思考、演練各種角色面對霸凌事件時的處理方式。此外，有些性少數在外表上不易清楚分辨，教師應對其弱勢處境及心理狀態特別同理，注意言語上的用詞，以避免無意中造成傷害。

六、重要名詞都應審慎界定，以免造成混淆

應清楚說明生理性別（sex）與社會性別（gender）之間的差異。生理性別是性別的基礎，社會性別則是社會文化針對「生理性別」所賦予的社會建構或期望，包括：性別特質、性別角色、職業的性別期待等。（社會）性別認同（gender identity）則為個人心理對於自己所屬性別的認定。「性別」與「性傾向」是兩個不同的概念，「（社會）性別認同」與「性傾向之認同」之間的的差異也應區分清楚。

總結來說，性別平等教育應該是強調尊重與包容每個人生命價值的教育，應從積極落實生命教育與品格教育開始，教導學生尊重、關懷與包容

差異。教師應該從愛與關懷出發，以身教與言教培養學生的同理心，使下一代成為身心健康、尊重包容且具獨立思考能力的世界公民，並共築多數與少數能和諧共處的友善社會。

　　根據上述的基本理念，歸納以下幾個性別平等教育的教學基本原則，這些原則也是本手冊編輯的基礎。

性別平等教育的教學基本原則

1. 體認每個生命都有價值。

2. 引導朝向符合自然生理健康及心理健康之性與性別發展。

3. 依據兒童發展階段，進行適齡教學：性別發展是一個長期的歷程，兒童及青少年階段乃是一個變動時期，不宜在此階段輕易將學生分類、標籤，應容許其有自然發展的空間。

4. 以「愛」為核心，以身作則，教導學生愛己愛人——接納自己，且尊重他人。

5. 人的性與性別表現有多樣性，教導學生了解多數人的常態發展狀況，但也要了解世界上有少數人是不同的。

6. 教導「彼此尊重」，實踐性別平等教育之精神：多數應該尊重關懷少數，少數也應尊重多數，以正向的言語及行為彼此對待，使少數不必擔心被嘲笑或被霸凌。

7. 區辨「尊重」與「認同」的差異：即使不認同他人的理念，仍要尊重他人的人格尊嚴，願意聆聽不同觀點。

8. 不只教導如何對待他人，也要幫助當事人建立健康的自尊、接納自己，並學習如何因應他人的對待。

9. 知識必須有所依據，提供完整正確知識，不隱瞞事實。

10. 不只談個人權利，也重視責任及國家社會公共利益。

11. 謹慎引導的方式，避免造成性別混淆或灌輸特定的意識型態；不將異質普遍化，也不過度美化特殊情況。

12. 對於爭議性議題，呈現不同觀點，培養理性思辨能力及彼此尊重的態度，並教導適當的互動方式。

本書架構

　　本手冊的主題包括：生理性別、性別認同、性別刻板印象、性傾向，以及性別平等／歧視等。各章內容包括三大部分：第一部分主要是釐清概念定義，並提供目前的理論與研究發現，之後附上「延伸閱讀與教學資源」，除了提供教師可進一步閱讀的文章、書籍及推薦幾個優良教案之外，也以「補充」的角度，提供一些其他資源手冊或網站所忽略的「漏網之魚」；「參考文獻」則列出內容提及之理論研究的來源出處，若教師有興趣進一步深入了解，可以據此找到原始資料。

　　第二部分是教學原則，乃是以我們的基本理念為基礎，對教師提出一些教學上的叮嚀。第三部分是真實案例，主要是為了幫助教師更深入了解該章的概念或理論，由於篇幅有限，僅能列出幾個，有些案例在其他教學手冊已經提及，本書就盡量不重複列舉。同時，也附上簡單的案例討論問題，教師可以考慮直接運用於教學。**在此特別提醒，對於國中小學生，教師要衡量各年齡層孩子的身心發展及學習特性，自行改編為適齡的呈現方式及調整教學方法。**

　　本手冊各主題概念間的關係如下頁的圖所示。過去的「性別」都是以客觀的「生理性別」來談論，現在則發現，除了從生理面向之外，還可從社會期待或心理認定的角度來探討。「生理性別」是以客觀的生物學事實為認定基礎，例如：護照及身分證上的「性別」欄就是指生理性別，其一般狀況是依據性染色體而分為男女兩性，但由於基因變異及激素影響，有些人會發生特殊狀況。「社會性別」則是社會文化對不同的生理性別（男、女）所賦予的不同期待，包括對性別特質、性別角色、職業等面向的期待，這些期待也是最容易形成刻板印象的部分。「性別認同」則是從心理層面來看待性別（即心理性別），指個人主觀上對自己性別的認定。若其心理認定的性別與其生理性別不一致，就是一般所稱的「跨性別」者（transgender），若對此狀態有所不安，則稱為性別不安（gender dysphoria）或性別認同障礙（gender identity disorder, GID）。有些跨性別者最後會選擇變性。

「性傾向」（sexual orientation）與「（生理）性別」（sex）則是不同的兩種概念。但性傾向的認定及分類也是依據個人本身之「生理性別」，以及其愛戀、性吸引、性行為之對象的「生理性別」來判定。所以，「生理性別」是所有相關概念的根基。

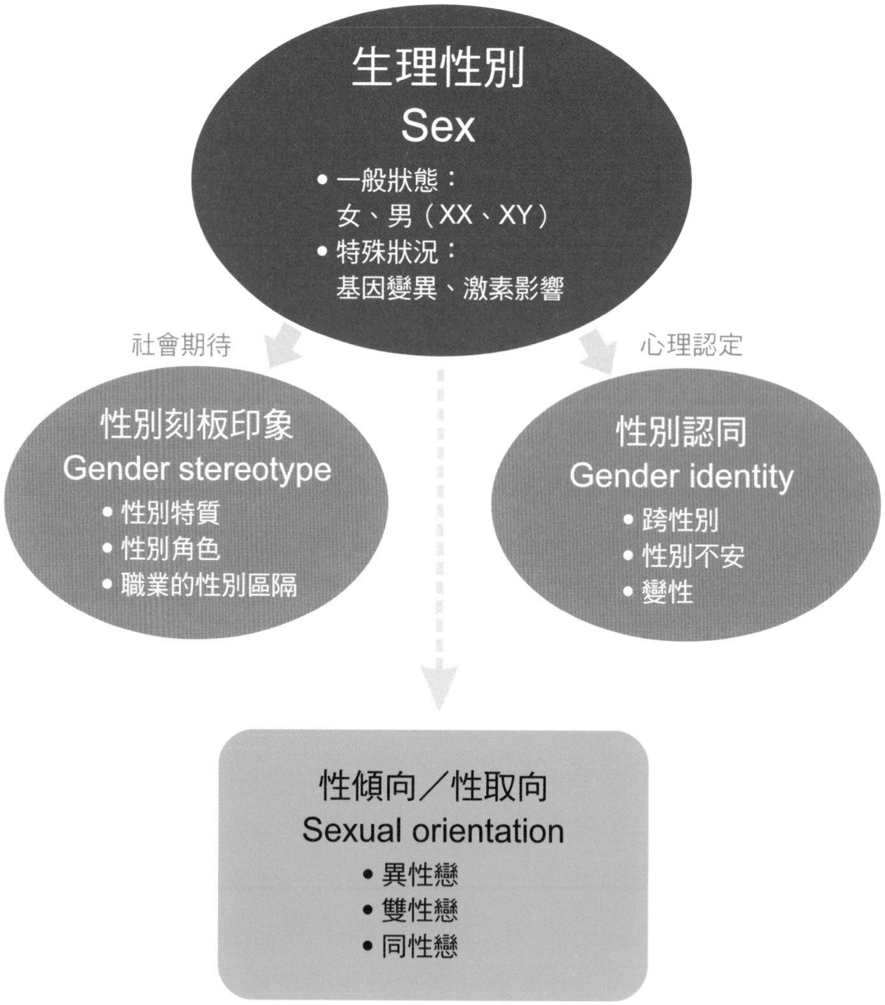

生理性別
Sex
- 一般狀態：
  女、男（XX、XY）
- 特殊狀況：
  基因變異、激素影響

社會期待

心理認定

性別刻板印象
Gender stereotype
- 性別特質
- 性別角色
- 職業的性別區隔

性別認同
Gender identity
- 跨性別
- 性別不安
- 變性

性傾向／性取向
Sexual orientation
- 異性戀
- 雙性戀
- 同性戀

圖 1　主題概念關係圖

第一章
生理性別
Sex

對應課綱：性別平等教育核心素養

性 A1　尊重多元的生理性別、性別氣質、性傾
　　　向與性別認同，以促進性別的自我了
　　　解，發展不受性別限制之自我潛能。

融入科目／領域：

自然、綜合、社會、健體

本章摘要

（生理）性別之決定是以性染色體為基準。男女有 22 對的體染色體（autosomes）是相同的，但第 23 對性染色體（sex chromosomes）則男女有別。在一般狀況下，男生由 XY 染色體組成，女生則是由 XX 染色體所組成。然而，也有少數因基因或激素異常而導致性別不明的特殊現象，這樣的人口比例約有 0.018%。有些在外型上有明顯的不同，但也有些變異非常隱密，在外觀上看不出來。

性別分化是逐漸形成的。男女胚胎型態在六週前之外觀是相同的，第七週開始之後，因著 Y 染色體上的 SRY 基因（sex-determining region of Y-chromosome）與激素（又稱賀爾蒙）作用，胚胎才開始發展出不同的性器官。

在青春期時，因激素作用使得男女生在身材及外型上有更顯著的差異，男生在體態上有較寬闊的肩膀、較大的肌肉量，而女生則有較矮小的身材、更寬的骨盆、乳房發達等。

兩性在生理上有許多差異，包括：基因、染色體、細胞反應、大腦、內分泌等方面。另外，生殖系統發展上的不同，使得青少年時期男女罹患性病的風險也有顯著的差異，例如：女生的子宮頸約到 20 歲時才具 30 至 40 層保護細胞，以致於女性淋病患者 19 歲以下就占了約 24%；相對地，男性患者 19 歲以下則僅占 7%。

但也需注意，不應過度強調兩性間的差異，以免造成刻板印象，例如：基因排列上，男女的差異事實上僅約 1%至 2%；在身高差異上，同性別間的身高差異其實還比男女兩性間的平均差異更大。

社會文化與生理性別發展也會交互影響。男女在生理上的差異，也影響著社會文化，而社會文化也影響著生理性別的發展。

在生理性別發展上有特殊狀況的人，可能會在外觀上與一般人有所差異，例如：長得比較矮，或行為舉止與傳統的期待不同，這樣的孩子容易成為被排擠、被取笑、被霸凌的對象。對於每個不一樣的個體，我們應教導孩子從了解性別自然發展的現象來理解與接納與生俱來的自己，也學習尊重差異、珍惜生命的價值，以及看重每個人特有的天賦能力。

、定義、理論與研究發現

一、（生理）性別之定義

　　生理性別（Sex）意指男女生理上的差異，即所謂的生物性別，是從生物學的角度區分兩性間先天的生理差異，來自於遺傳和生物的結果。大致上來說，人類在出生時，生理結構即有明顯的差異，屬於一生物事實（教育部教育 wiki，無日期）。在人類的性別決定上，目前的科學理論與實驗已確認將 XY 染色體定位為性染色體，以此做為主要的性別決定因素。追溯其歷史，可以從 1903 年 William Bateson 重新發現 Gregor Johann Mendel 的遺傳理論談起。他從 Mendel 遺傳理論的角度研究 XY 染色體的定位，發現 XY 染色體與性別決定的關係。緊接著在 1915 年，美國科學家 Thomas Hunt Morgan 在果蠅身上發現性聯突變的現象，更加強了 XY 染色體是性染色體的假定。1930 年代，科學家又發現性激素，進一步確認了 XY 染色體就是性染色體。到了 1950 年代，Y 染色體被確認為性別決定的關鍵角色。而人類基因體計畫於 2000 年完成人類基因圖譜後，科學家則已經達成共識：以 XY 染色體上的基因作為性別決定的關鍵因素（呂旭峰、李美慧，2009）。

　　人類染色體中，男女皆有 22 對體染色體，第 23 對性染色體則男女有別（如圖 1-1 所示）。男生的性染色體由 XY 組成，女生則是由 XX 所組成（張欣戊等人譯，2010）。人類的性別取決於 XY 染色體上的基因與基因表現後引起的性別分化，這是一連串基因與激素影響之發展。

46XX 女生	46XY 男生
（核型圖）	（核型圖）

圖 1-1　男女的差別在第 23 對性染色體是 XX 還是 XY

醫學上用染色體的排列組合（XY染色體或XX染色體）、性激素的分泌（雄性激素或雌性激素）、內外生殖器官的型態（睪丸或卵巢、陰莖或陰道）這三個層次來界定生物性別（biological sex）。在大多數的情況下，XY染色體／雄性激素／睪丸與陰莖一起出現時，即歸類成男性（male）；而 XX 染色體／雌性激素／卵巢與陰道一起出現時，則歸類成女性（female）。極少數的特殊狀況將在後面介紹。

二、人類的性別發展

　　男女胚胎型態在六週前之外觀是相同的，第七週開始之後，因著 SRY 基因與激素作用才開始發展不同的性器官。

（一）男女胚胎型態在最初期之外觀是相同的

　　雖然性染色體在受精時已確定性別，但六週前從胚胎外觀仍無法辨識男女。內生殖器官和外生殖器來自「雙潛能」器官，胚胎原本有兩條平行的管道：沃爾夫氏管（Wolffian duct，又稱中腎管）及穆勒氏管（Mûllerian duct，又稱副中腎管）。之後的發展會保留一種構造，另一種則會退化（科技部，2015a）。

（二）胚胎在六週後的性別分化

　　Y 染色體上的 SRY 基因在性別分化時扮演著重要角色，缺乏 SRY 基因的胚胎會發育出女性生殖器（陳雅茜譯，2004）。若 SRY 基因產生短缺或變異，即使胎兒具有 Y 染色體，也可能發育出女性的生殖器（關惠鍾，2016）。

　　胚胎發育到第六週後，Y 染色體上的 SRY 基因開始協調睪丸建構的過程（如圖 1-2 所示），到第二個月與第三個月之間，雄性胚胎在**穆勒氏抑制因子**（Mûllerian inhibiting factor, MIF）與**雄性激素**〔即**睪固酮**（testosterone）〕等影響因子的作用下，沃爾夫氏管會分化為副睪丸、輸精管及儲精囊，穆勒氏管則會退化。然而，女性的胚胎則因沒有**穆勒氏抑制因子**及雄

性激素，因此穆勒氏管會分化為輸卵管、子宮和陰道上部，而沃爾夫氏管
則會退化（如圖 1-3 所示）（陳雅茜譯，2004）。

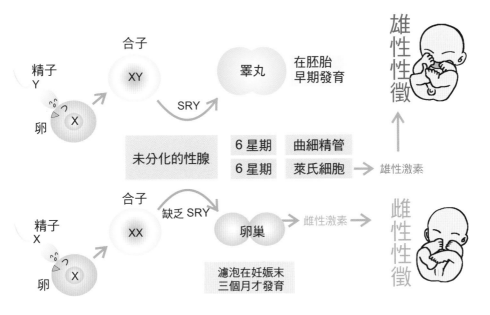

圖 1-2　SRY 基因之影響

資料來源：修改自羅竹芳（2009）

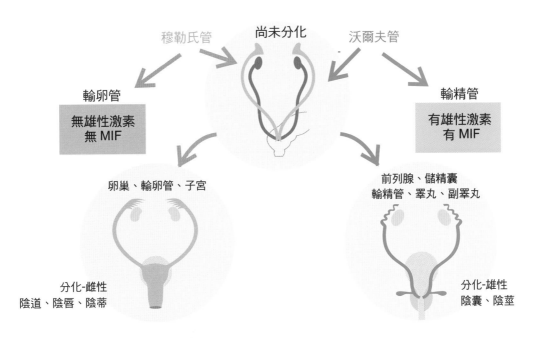

圖 1-3　穆勒氏抑制因子（MIF）及雄性激素影響性別分化

資料來源：修改自羅竹芳（2009）

性別平等教育 教學資源手冊

（三）青春期：激素（賀爾蒙）第二次的進場作用

青春期時，因卵巢、睪丸大量分泌激素，而刺激生殖系統發育、第二性徵出現，以及性慾發展（張欣戊等人譯，2010）。通常女性在外型上較矮小、有更寬的骨盆、乳房發育，以及大腿和臀部脂肪較多。而男生在外型上則較高大、有較寬的肩膀、較大的肌肉量，以及更多的臉部毛髮和其他體毛（科技部，2015a）。

三、兩性差異

男女兩性在生理上顯然是有差異的，除了部分外顯器官的差異之外，還包括基因、染色體、細胞反應、大腦、內分泌，以及其他方面。

（一）基因、染色體、細胞反應

男女的基因排列上確實有差異，但值得注意的是，男女基因排列之差異僅約 1%至 2%，可見相似之處是大於相異之處（Richardson, 2013）。人體運作會受到許多不同機制的影響，例如：基因的表現量、基因的表現模式等因素，我們不能單純只看基因序列的差異。因此，儘管基因排列的差異是存在的，但他們都同樣是「人類」。

以前一般人認為，男女的差異就只是如圖 1-4 左邊的圖，僅有部分器官上的差異，但其實真正的差異卻是像圖 1-4 右邊的圖，男生的全身都是 XY 細胞，女生則全身都是 XX 細胞（Women's Health Research at Yale, 2016）。

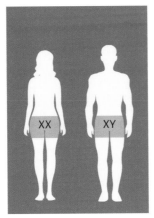 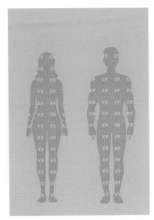

圖 1-4　男女差異的誤解與真相

資料來源：參考 Women's Health Research at Yale（2016）而自行繪製

　　男生與女生的細胞反應也不一樣，因此性別差異也影響藥物的吸收、分布、代謝與排泄等面向（范湘敏、吳大圩、彭姿蓉，2018）。有些藥物，男生吃了沒有問題，女生吃了卻有毒性，例如：在許多感冒藥裡面都含有的苯丙醇胺（phenylpropanolamine），研究發現，苯丙醇胺會增加女性得到出血性腦中風的機率，但對男性卻不會增加風險（Pollitzer, 2013）。因為男女生理上的差異，所以醫學界對藥物的使用也有了不同的觀點。許多藥物或維他命開始依不同性別而有不同成分，讀者可參考 Glezerman（2016）。

（二）大腦

　　男女兩性的大腦結構及發展也有差異。男女左右腦之連結不同（Ingalhalikar et al., 2014, p. 826）；大腦灰質的修剪時間，女生比較早，男生比較晚（如圖 1-5 所示，紫色實線是男生大腦灰質的變化，紅色實線則是女生大腦灰質的變化）。大腦神經元會互相連結，在進入青春期前的一段時間會進行修剪，這是為了讓大腦運作快速，而將不必要的大腦連結剪除掉。有用到的神經元連結會被保留下來，沒用到的就會消失，此即所謂的「用進廢退」，例如：彈鋼琴這項技能，小時候一直練習就彈得很好，但後來沒有持續練習，這些連結就會斷掉，雖然可以重建，但是後來再練就沒有像

小時候彈得那麼好。這是因為大腦為了能迅速反應，所以已經把之前的連結剪除掉。如果要保持這個連結，就要持續不斷練習、不斷刺激，大腦的連結才能一直穩固下去。

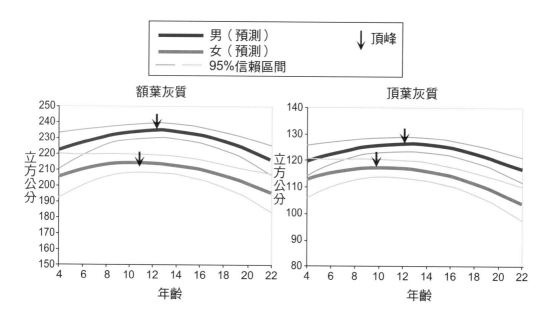

圖 1-5　男女大腦連結的修剪時間不同

資料來源：Giedd 等人（1999, p. 862）

（三）內分泌及第二性徵

　　因為男女大腦之結構不一樣，腦下垂體控制激素分泌的模式也不同，因此男女體內的激素分泌發展模式也有所差異。男性的雄性激素分泌是較穩定的，雖然兒童期和青春期的睪酮素變化相差二十倍，青春期睪固酮素整個上升，之後會慢慢地衰減，但基本上是較為穩定的狀態（如圖 1-6 所示）。女性的雌性激素分泌則是起伏較大，每個月都有一個週期（如圖 1-7 所示）。

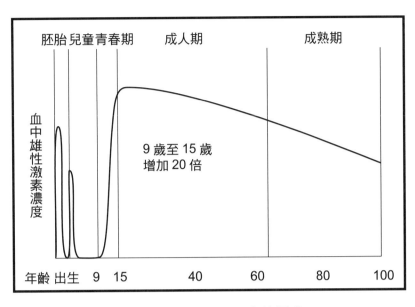

圖 1-6 男性睪固酮素的變化

資料來源：Louann Brizendine（2010, p. 33）

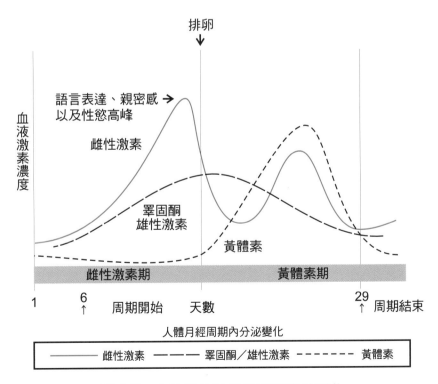

圖 1-7 女性雌性激素與黃體素的變化

資料來源：Louann Brizendine（2006, p. 33）

男女在第二性徵上也有明顯差異，如前所述，女性的身型較矮小，男性較高大；女性的骨盆較寬，男性則是肩膀較寬；女性的乳房會發育，且大腿與臀部的脂肪較多，男性則是肌肉量較高，體毛比例較多（科技部，2015a）。

（四）其他：病徵及罹病機率

由於男女兩性在生理上的不同，其在罹病的機率或病癥上也有所差異（如表 1-1 所示），例如：憂鬱症在生育年齡的女性會比較高。一般來說，產後憂鬱症是生理的，不是心理的。因為憂鬱的因子會隨著激素的上升而增加，所以才會有產後憂鬱症的發生。

表 1-1　兩性在神經性疾病上的差異

疾病	病徵及罹病機率
阿茲海默症	年老女性的發生率比較高。
帕金森氏症	男性有較高發生率，病理上的徵狀是因性別而有不同。
自閉症	男性比女性高。
上癮	男性比較高，女性較容易發展強迫性藥物濫用與倚賴，復發率高。
憂鬱症	在生育年紀的女性憂鬱是男性的兩倍。
焦慮失衡	女性高。
思覺失調	男性比女性多，症狀不同。

資料來源：整理自 Ngun、Ghahramani、Sánchez、Bocklandt 與 Vilain（2011）

另外，由於生殖系統結構及發展上的差異，導致男女罹患性病的風險也有顯著差異，尤其是在青少年階段，差異更是顯著，例如：由於青少女之子宮頸轉化區的保護細胞在早期只有一層上皮細胞，需要到 20 歲才會發展出 30 至 40 層成熟且具保護性的細胞，因此青少女一旦發生不安全的性行為，其感染人類乳突病毒或性病的風險會高於成熟女性或一般男性（祈遇譯，2012；Grossman, 2009）。以淋病為例，臺灣近六年來女性淋病之罹病人數逐年攀升（由 2012 年的 118 人增加到 2017 年的 364 人），其中女

性患者於 19 歲以下就占了約 24%；相對地，男性患病者於 19 歲以下僅占 7%
（如圖 1-8 所示）（衛生福利部疾病管制署，2017）。可見因性器官發展的不
同，使得青少女罹病風險比青少男高出許多。美國的淋病統計資料也呈現如
此現象（如圖 1-9 所示）。

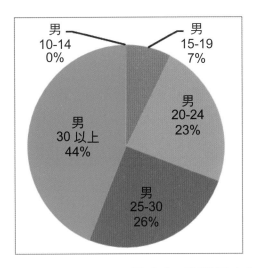
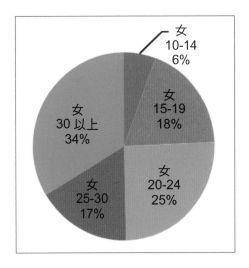

圖 1-8　臺灣男女各年齡層的淋病患者比例

資料來源：衛生福利部疾病管制署（2017）

比例（每 100,000 人病例數）

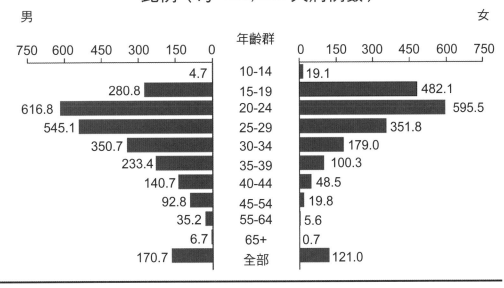

圖 1-9　美國男女各年齡層的淋病患者比例統計圖（2016 年）

資料來源：整理自 The Statistics Portal（n.d.）

（五）如何看待兩性差異？

如上所述，男女在生理面向上確有實質的差異，但也需注意，有些只是在平均值上的差異，而不需過度強調。以身高為例，在美國，女性的身高平均比男性矮，但約有 3% 的女性比一般男性高，而有 6% 的男性比一般女性矮（如圖 1-10 所示）。若比較前百分之十與後百分之十之男性（或女性）平均身高的差異性，會發現同性間的差異還大於男女之間的差異（科技部，2015a）。

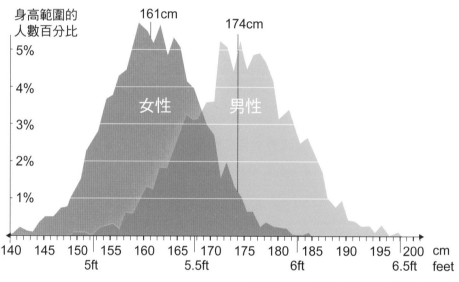

群組之中的變化，以及群組之間的重疊，相當明顯。

Data from u.s. CDC, adults ages 18-86 in 2007

圖 1-10　美國成年女性及男性的身高

資料來源：科技部（2015a）

可見，生理差異性固然不能忽略，但也不該過分強調，兩種極端都是不理想的狀況。早年的女性主義者曾認為所有男性能做的女性也能做，將性別平等等同於男女都一樣，但較好的作法應該是肯定男女性在生理上有差異，而不必刻意抹平，也不應將這種差異過度擴大強化，或期待所有人都符合這些差異的框架，而應有更多空間給性別特質或生理表現不在一般範圍內的男性或女性。

四、生理性別與社會性別的交叉作用

「生理性別」（Sex）乃以生物學為基礎來定義性別；「社會性別」
（Gender）則是指社會大眾對於不同生理性別者的特質、角色與行為表現
的期待。兩者之間可能會有交叉的影響。

（一）生理性別影響社會文化之性別差異

男女兩性可能因為生理上的差異，而自然地影響社會文化中的性別差
異，例如：在烏干達，12 至 13 歲女孩的輟學比例特別高，因這年齡正好是
初經來潮的時間，女孩特別需要乾淨廁所及隱私，若學校沒有良好的水利
基礎設施，則可能會造成女孩上學的阻礙（科技部，2015b）。再以男女如
廁需求為例，女性如廁需較長時間，常見女廁大排長龍；若女廁數量增加，
即可減少女性等待上廁所的時間。因此，我國在 2006 年修訂公共建築男女
衛生設備數量之規定，其中中小學大便器規定男子每五十人一個，女子則
每十人一個（註1）。在不同國家的習俗民情下，若改善當地的環境設備，
不只能讓該地經濟穩定、社區健康，更有助於實質的「性別平等」。

（二）社會文化的性別化行為影響生理性別差異

生理性別差異（sex difference）也有可能會受到社會文化所建構的性別
角色所影響。以衛生和醫療為例，女性的骨質疏鬆明顯高於男性，可能是
由於在社會性別的角色分工上，男性工作較多承重運動，以及較多戶外工作
接受到陽光照射，以致於男性發生骨質疏鬆的機率較低（科技部，2015b）。

五、特殊狀況

性別分化是一連串基因表現的結果。在男性的細胞中，Y 染色體有超
過 95% 的基因是男性獨有的基因，有 Y 染色體的存在就能引發胚胎睪丸性
腺的發育。因此，Y 染色體在性別發育上扮演決定性的角色，只要有 Y 染
色體，即使有四個 X 染色體的人（49,XXXXY），在特徵上依然是男性（但
若 SRY 基因未活化的胚胎，仍會發育出女性生殖器）。因為性染色體異常
或激素異常而造成了性別不明的特殊現象，這樣的人大約占人口的 0.02%

（註2），這些變異可能會影響個體的外觀及某些方面的發展。在早期，會以真性陰陽人（true hermaphroditism）、假性陰陽人或兩性人（間性人）稱之。在 2005 年芝加哥共識會議後，則以「性發展變異」（Disorders of Sex Development, DSD）取代原有的名詞（Hughes, Houk, Ahmed, & Lee, 2006; Kim & Kim, 2012）。「性發展變異」大致分為三群：(1)性染色體性發展變異；(2)46,XY 性發展變異；(3)46,XX 性發展變異（如表 1-2 所示）。

性染色體性發展變異主要關鍵是性染色體少一個或多一個 X，或是身上同時具有 46XX/46XY 鑲嵌細胞。一般而言，這類型的細胞核型及外觀是一致的，但 46XY 性發展變異則是細胞核型與外觀不一致，具有 46XY 染色體但是卻有女性外觀；而 46XX 性發展變異也是細胞核型與外觀不一致，具有 46XX 染色體但是卻有男性外觀。

表 1-2　性發展變異（DSD）

性染色體性發展變異	46,XY 性發展變異	46,XX 性發展變異
(A) 45,X（透納氏症） (B) 47,XXY（柯林菲特 　　氏症）* (C) 45,X/46,XY 鑲嵌型 (D) 46,XX/46,XY 鑲嵌型	(A)睪丸發育異常 ・睪丸發育不全 ・性腺退化 ・兼具卵巢睪丸變異 （原名：真性陰陽人）	(A)卵巢發育異常 ・雄性化卵巢 ・卵巢發育不全 ・兼具卵巢睪丸變異 （原名：真性陰陽人）
	(B) 雄性激素生成或作 　　用異常 ・雄性激素不敏感症等	(B) 雄性激素過量 〔即腎上腺增生症 （CAH）〕
	(C) 其他（洩殖腔外翻， 　　嚴重尿道下裂）	(C) 其他（洩殖腔外翻， 　　穆勒氏管未發育）

註：尚有其他染色體數目異常類型，請參考美國基因與罕見疾病資訊中心（GARD）
　　網站（https://rarediseases.info.nih.gov/）。
資料來源：整理自 Hughes 等人（2006）

以下特別說明幾個主要的性發展變異類型的細胞核型與外觀、發生比例及發展狀況（參考罕見遺傳疾病中文資料庫，無日期）。

（一）透納氏症（Turner syndrome）

患者缺少一條 X 染色體（45,X），具有女性特徵，發生比例大約是 **0.0369／每百人**（註3）。透納氏症的細胞核型及外觀是一致的，但其成長有些異常，通常身材比較矮小、五指粗短，乳房發育不良、很小但胸部寬廣。缺乏明顯的第二性徵，並且是不孕的。甚至在某些個案是智能不足，或者在語言方面正常，但空間能力低下。

（二）柯林菲特氏症（Klinefelter syndrome）

亦稱為先天性睪丸發育不全症候群，又稱原發性小睪丸症，其染色體是 47XXY 或是 XY/XXY 的綜合體，細胞核型及外觀是一致的，具有男性特徵，是最常見的男性染色體異常現象，發生比例大約是 **0.0922／每百人**（註3）。患者具有異常的睪丸發育，導致性腺機能下降，睪固酮素分泌量低以及不孕，有時帶有女性的第二特徵（較大的乳房和臀部）。這樣的男性通常比一般男性高，但因為賀爾蒙分泌不平衡，導致第二性徵發育不完全。過去有此類男性假裝女性參加奧林匹克運動會，因此現在所有的運動員皆要接受性別檢驗。

（三）雄性激素不敏感症（androgen insensitivity syndrome, AIS）

這是一種性聯隱性遺傳疾病，男性患者會有部分女性的性徵發育，有外生殖器、陰道、乳房，不過沒有子宮、卵巢及睪丸，發生比例大約是 **0.0076／每百人**（註3）。雖然患者仍有正常的染色體型態（46,XY），但由於部分的雄性激素不敏感，導致尿道下裂、陰莖短小以及男性女乳症。

（四）腎上腺增生症（congenital adrenal hyperplasia, CAH）

男性與女性可能都會得到這種隱性的遺傳疾病，患病的女性具有男性的外表。男嬰容易性早熟而導致身材矮小；女嬰在母體內，即會開始產生陰蒂肥厚增生現象，一出生就被誤認為是男寶寶，會有陰蒂增大、陰道發育不良症狀。其發生比例約為 **0.00779／每百人**（註3）。以每年三十萬名新生兒計算，至少存在有二十多名個案，但實際被發現的個案卻不多，乃因

男性有些症狀不顯著而常被忽略。臺灣的腎上腺增生症，發生率約為 1/10,000 至 1/15,000（衛生福利部國民健康署，2017）。

（五）兼具卵巢睪丸變異〔ovotesticular DSD〕

細胞核型可為 46,XX 或 46,XY，可同時擁有卵巢及睪丸組織，發生比例大約是 **0.0012／每百人**（註3），其原因可能是 SRY 基因出現問題。可能具有無法判別是男性或女性的外生殖器或其他生殖器官異常問題（關惠鍾，2016）。

DSD 就是一般所稱的陰陽人、雙性人或間性人，這幾個名詞常被交互使用，定義上仍有爭議（註4）。

以上各類型之發生比例整理如圖 1-11 所示。

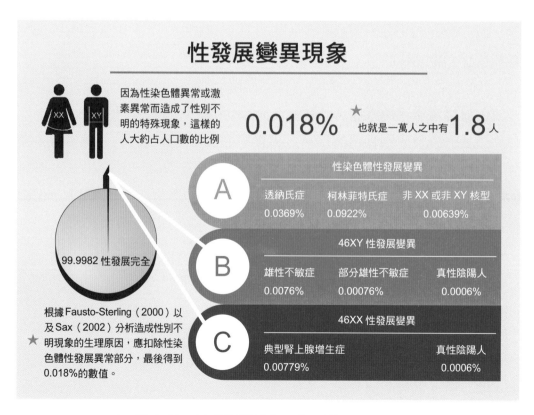

圖 1-11　性發展變異主要類型的發生比例

六、DSD 的醫療

　　以上是比較常見的幾種DSD類型，還有許多其他變異類型，在此不一
一列舉。針對患有DSD的孩子，其初生早期是否就需要醫療並決定性別？
還是要等孩子長大後再決定其性別？近幾年來有一些爭議：由於有某個雙
性兒童因早期就被迫接受性別指定手術，後來在青春期時才發現賀爾蒙分
泌與其指定性別不符，而造成成長困擾（如丘愛芝的案例）（蘋果日報，
2018），去年有人向監察院陳情。監察院於2018年6月提出針對雙性人之
人權應予以保障的建議：

>「……出生時性徵不明或不符傳統兩性區分之雙性兒童，其父母
>時囿於出生登記之壓力，再加上醫療指引欠缺，常有令兒童被過
>早進行『正常化』手術之情形。衛福部未能制定相關醫療指引或
>家長手冊給予協助，恐致雙性兒童有過早接受非必要手術之虞，
>侵害雙性兒童身體健康權及基於人性尊嚴之個人主體權，違反經
>濟社會文化權利國際公約、兒童權利公約及憲法第 22 條規定
>……」（監察院，2018）

　　對於幾歲才適合動手術確定性別，仍有醫師認為出生時及時的診斷與
醫療是必要的，以 AIS 的情況為例，由於腹腔內的溫度較高，睪丸在腹腔
內容易癌化，因此切除睪丸乃有其醫療上的必要性。而且，及時的性別診
斷並提供適當的醫療協助，才能幫助孩子健康地成長，也才符合孩子的最
佳利益（鄭威，2018）。

　　衛生福利部在召集各專家討論後，於2018年10月11日公告「衛生福
利部未成年雙性人之醫療矯正手術共同性建議原則」（衛生福利部，
2018），內容如下：

一、衛生福利部為避免雙性或性別不明嬰兒與兒童過早接受非緊
　　急和不可逆轉之性別手術，而產生不必要之傷害，特訂定本
　　原則。

二、醫師遇需以醫療矯正手術始能改善雙性或性別不明之未成年者，應以病人最適健康利益做考量，並經由專業醫學、心理、社會評估，確認手術之必要性，才施予手術。

三、未成年雙性或性別不明者之醫療矯正手術時機建議原則：

（一）未滿十二歲：不宜執行，除經專業團隊評估有癌化或生理機能障礙情形。

（二）十二歲至十八歲未滿：有適應困難者，應經專業團隊評估後為之。

（三）滿十八歲：經專業團隊評估後始得執行。

四、前點所定專業團隊應設有染色體檢驗實驗室，團隊成員應包括：

（一）具兒童內分泌科、兒童外科、兒童泌尿科及兒童青少年精神科等專科醫師。

（二）具青少年衡鑑經驗之心理師。

延伸閱讀與教學資源

- 居家胎兒發育過程：胎兒性別 [1:36]

  https://www.youtube.com/watch?v=YlmDBVUfKMo

- 男女構造的差異 [33:27]

  https://www.youtube.com/watch?v=1e2X5yd7wIY

- 人體密碼，男女之別 [42:59]

  https://www.youtube.com/watch?v=M5H_InUl2zs

- 腦科學揭露女人思考的秘密：洪蘭（TED 2015）[19:26]

  https://www.youtube.com/watch?v=wWnUczsfGv0&t=19s

- 透納氏症：公視星星的秘密 26 想長高的小公主 [26:00]

  https://www.youtube.com/watch?v=11c8KBKW94U

- 克氏症候群：楊暖暖 [3:40]

  https://www.youtube.com/watch?v=iI5YqBM9OKw

- 台灣首位現身陰陽人丘愛芝專訪（一至四）

  https://www.ettoday.net/news/20170829/999477.htm

  https://www.mirrormedia.mg/story/20170825pol010/

  https://www.mirrormedia.mg/story/20170825pol011/

  https://www.mirrormedia.mg/story/20170825pol015/

註解：

註 1：參見內政部營建署修正《建築技術規則》建築設備編第 37 條條文，
　　　https://goo.gl/WRvVbh 。

註 2：Fausto-Sterling（2000）把透納氏症、柯林菲特氏症、晚發型腎上腺
　　　增生症及先天性陰道發育不全症均視為「生理性別發展變異」，以致
　　　於整體的變異個體統計數字竟高達 1.7%。但 Sax（2002）及大多數
　　　的臨床醫師均不同意 Fausto-Sterling 的分類方式，尤其是晚發型腎上

腺增生症及先天性陰道發育不全症經治療後可以近乎正常，故此兩類不應歸類為「生理性別發展變異」，因此整體變異個體的正確比例應為 0.018%（Sax, 2002）或 0.022%（1/4500）（Hughes et al., 2006）。

註 3：比例均引自 Fausto-Sterling（2000）。

註 4：參考國際陰陽人組織網站「將 intersex 翻譯為陰陽人的說明」（Hiker Chiu，2014）。

參考文獻

中文部分

Hiker Chiu（2014）。將 intersex 翻譯為陰陽人的說明。
取自 http://www.oii.tw/nomenclature

呂旭峰、李美慧（2009）。簡介人類性別染色體：X 與 Y。當代醫學，
426，312-322。

罕見遺傳疾病中文資料庫（無日期）。罕見遺傳疾病一點通。
取自 http://web.tfrd.org.tw/diseaseDatabase.html?selectedIndex=0

祈遇（譯）（2012）。你們在教我孩子什麼？從醫學看性教育（原作者：
M. Grossman）。臺北市：校園書房。

科技部（2015a）。分析「生理性別」。科技部「促進科技領域之性別友善
與知識創新」規劃推動計畫。取自 https://reurl.cc/b2onX

科技部（2015b）。生理性別與社會性別間的交互作用。科技部「促進科技
領域之性別友善與知識創新」規劃推動計畫。
取自 https://reurl.cc/8WrAy

范湘敏、吳大圩、彭姿蓉（2018）。性別相關之藥物治療差異。臺灣臨床
藥學雜誌，26（2），115-121。

張欣戊等人（譯）（2010）。發展心理學（原作者：D. R. Shaffer & K.
Kipp）。臺北市：學富。

教育部教育wiki（無日期）。詞條名稱：生理性別與社會性別。教育百科。
取自 https://goo.gl/ZzR3za

陳雅茜（譯）（2004）。X 染色體：命運的幕後黑手（原作者：D. Bain-
bridge）。臺北市：天下文化。

衛生福利部（2018）。衛生福利部未成年雙性人之醫療矯正手術共同性建
議原則。取自 https://goo.gl/sYq4N1

衛生福利部疾病管制署（2017）。**傳染病統計資料查詢系統。**
取自 https://reurl.cc/pWqj8

衛生福利部國民健康署（2017）。**健康的第一道防線：新生兒篩檢 30 年電子書。**取自 https://www.hpa.gov.tw/Pages/Detail.aspx?nodeid=672&pid=6471

監察院（2018）。**雙性人人權問題長期受忽視　監察院糾正衛福部及內政部。**取自 https://goo.gl/hZqoXZ

鄭威（2018）。**性別不明延後治療，是福還是禍？**
取自 https://reurl.cc/6vvvd

羅竹芳（2009）。**「生殖及生理學概論」課程講義。**
取自 http://get.aca.ntu.edu.tw/getcdb2/handle/getcdb/127216?tb=3&unit=7

關惠鍾（2016）。**雌雄撲朔迷離：決定性別基因 SRY Gene。**
取自 http://web.tfrd.org.tw/genehelp/database/case/record_40.htm

蘋果日報（2018）。**「我是陰陽人，盼保有完整身體」　丘愛芝嘆 6 歲動指定性別手術。**
取自 https://tw.appledaily.com/new/realtime/20180819/1411437/

英文部分

Fausto-Sterling, A. (2000). *Sexing the body: Gender politics and the construction of sexuality*. New York, NY: Basic Books.

Frances, E., Jensen, M. D., & Nutt, A. E. (2015). *The teenage brain: A neuroscientist's survival guide to raising adolescents and young adults*. New York, NY: HarperCollins.

Genetic and Rare Diseases Information Center (GARD) (n.d.). *Numeric sex chromosome variations*. Retrieved from https://reurl.cc/2DxRX

Giedd, J. N., Blumenthal, J., Jeffries, N. O., Castellanos, F. X., Liu, H., Zijdenbos, A., Paus, T., Evans, A. C., & Rapoport, J. L. (1999). Brain development during childhood and adolescence: A longitudinal MRI study. *Nature Neuroscience, 2*(10), 861-863.

Glezerman, M. (2016). *Gender medicine: The groundbreaking new science of gender- and sex-related diagnosis and treatment.* New York, NY: The Overlook Press.

Grossman, M. (2009). *You're teaching my child what?: A physician exposes the lies of sexed and how they harm your child.* Washington, DC: Regnery.

Hughes, I. A., Houk, C., Ahmed, S. F., & Lee, P. A. (2006). Consensus statement on management of intersex disorders? *Archives of Disease in Childhood, 91*(7), 554-563.

Ingalhalikar, M., Smith, A., Parker, D., Satterthwaite, T. D., Elliott, M. A., Ruparel, K., ··· Verma, R. (2014). Sex differences in the structural connectome of the human brain. *Proceedings of the National Academy of Sciences of the United States of America, 111*(2), 823-828. https://doi.org/10.1073/pnas.1316909110

Kim, K. S., & Kim, J. (2012). Disorders of sex development. *Korean Journal of Urology, 53*(1), 1-8.

Louann Brizendine, M. D. (2006). *The female brain.* New York, NY: Broadway Books.

Louann Brizendine, M. D. (2010). *The male brain.* New York, NY: Three Rivers Press.

Ngun, T. C., Ghahramani, N., Sánchez, F. J., Bocklandt, S., & Vilain, E. (2011). The genetics of sex differences in brain and behavior. *Front Neuroendocrinology, 32*(2), 227-246.

Pollitzer, E. (2013). Cell sex matters. *Nature, 500*(August), 23-24.

Richardson, S. S. (2013). *Sex itself: The search for male and female in the human genome*. Chicago, IL: The University of Chicago Press.

Sax, L. (2002). How common is intersex? A response to Ann Fausto-Sterling. *The Journal of Sex Research, 39*, 174-178.

The Statistics Portal (n.d.). *Resident population of the United States by sex and age as July 1, 2017 (in millions)*. Retrieved from https://reurl.cc/44kxY

Women's Health Research at Yale (2016, August 30). *Every cell has a sex: X and Y and the future of health care*. Retrieved from https://reurl.cc/8WrEo

、教學原則

1. 呈現客觀事實：絕大多數人的生理性別出生時就是非常清楚的（男或女），只有極少數是因為性染色體異常或激素異常才會有性別不明的現象，這樣的人大約僅占人口的 0.02%（註2）。

2. 因為生理的影響是不可忽略的，因此教師應幫助孩子了解性別發展的自然現象，珍惜每個生命的價值，並接納自己與生俱來的生理性別（包括基因變異）。

3. 有些染色體（基因）的變異，或是激素影響的變異，是非常個人且隱密的，一般人不容易察覺。有些變異則是明顯的，譬如長得比較矮，或行為舉止與傳統的期待不同等，這樣的孩子容易成為被排擠、被取笑、被霸凌的對象。因此，教師要教導孩子：每個「生命」都是獨特珍貴的。

4. 我們內心要有「不一定每個人都跟我一樣」的理解，尊重每個「人」，認知到生理差異的存在，並尊重包容差異。若身邊遇到某些少數生理變異的人，應多了解他們心裡的感受與想法，並給予尊重。

5. 對於性發展變異的孩子，教師要幫助他們學習接納自己和別人的不同之處。在成長的過程中，雖然他們的生活和一般孩子無太大差異，但他們通常需要醫學的積極介入治療，例如：定期檢查、抽血、吃藥、打針、手術等。孩子需要更大的心理能力來調適自己，並勇敢面對人生。教師可以多提供勇於面對挑戰的生命故事，以培養學生積極正向的態度。

參、真實案例

　　由於著作權的關係，部分案例無法全文轉載，請讀者自行上網閱讀全文後，再進行問題與討論。

案例 A

透納氏症：小女孩，心靈化身巨人！

https://goo.gl/o5pHLg

簡介：

　　高雄市透納氏關愛協會理事長柯聿馨，目前從事特教工作。她在國小三年級時，被確診為罹患罕見疾病透納氏症，靠著施打生長激素，才從119公分長到現在的154公分。除了身材矮小，透納氏女孩還有卵巢提早老化的問題，以及可能無法有月經或其他的第二性徵。因此，她從青春期起便要開始補充女性賀爾蒙和黃體激素，直到更年期。透納氏症患者除了兒童期的發育較為遲緩外，其外觀和智力都與常人無異。

（全文請參看網站文章）

問題與討論：（七至十二年級適用）

1. 請問柯聿馨在生理上有何特殊狀況？他們在外觀上有什麼明顯的特徵？
2. 請問柯聿馨在成長歷程中可能會遇到什麼困難（生理、心理、社會）？
3. 如果你是柯聿馨，你會如何看待你自己？你會希望別人如何對待你？
4. 如果你身邊有類似狀況的朋友，你會如何對待他或幫助他？

案例 B

柯林菲特氏症：男女同身的哀愁

https://goo.gl/yJ1DuX

我身體裡的「他」和「她」：台灣雙性人‧貓哥（影片）

https://goo.gl/tYHGPL

簡介：

他（化名貓哥）是生理男性，小時候看起來跟其他男孩一樣，青春期之後，胸部變得較大。30 歲結婚後，因為三年太太都沒懷孕，經身體檢查後才知道他原來完全沒有精蟲，原來是柯林菲特氏症，性染色體比一般人多了一個 X（47,XXY）。這對他來說，是一個很大的打擊。

因為他的女性荷爾蒙高於男性荷爾蒙，在 44 歲時，醫生建議他施打男性荷爾蒙，但是藥很貴且副作用大。後來，醫生讓他改為口服女性荷爾蒙，但如此一來胸部就變得更大了。若都不吃藥，他的器官很可能會損壞。

由於他的外表跟一般男性不同，生活中常被欺負。有些人稱他為「陰陽人」，讓他很不舒服、覺得被歧視。柯林菲特氏症只是染色體異常，國內醫界並不認為它屬於雙性人。患者通常手腳長、外表白淨、睪丸較小，但健康狀況及壽命跟一般人差不多，有些人仍能正常生活、且也有生育機會。有人甚至終其一生都不會發現自己是柯林菲特氏症患者。

（全文請參看網站文章）

問題與討論：（七至十二年級適用）

1. 請問貓哥在生理上有何特殊狀況？他們在外觀上有什麼明顯的特徵？
2. 請問貓哥在成長歷程中可能會遇到什麼困難（生理、心理、社會）？
3. 如果你是貓哥，你會如何看待你自己？你會希望別人如何對待你？
4. 如果你身邊有類似狀況的朋友，你會如何對待他？如何避免讓他感覺受到歧視？

案例C

雄性激素不敏感症（AIS）：超級名模告白，我是雙性人

https://goo.gl/Qq66Pr

簡介：

比利時超級名模 Hanne Gaby Odiele 公開自己是雄性激素不敏感症患者（男性患者會有部分女性的性徵發育）。她的染色體雖然正常，但因雄性激素不敏感，故並沒有睪丸，也沒有子宮和卵巢。早在 10 歲時，她就知道自己不能生育，也不會有月經，18 歲時進行重建陰道的手術，因感到這個經歷太痛苦了，後來決定站出來呼籲家長們，如無必要不要強迫孩子經歷這樣的手術。

（全文請參看網站文章）

問題與討論：（七至十二年級適用）

1. 請問 Hanne Gaby Odiele 在生理上有何特殊狀況？她在外觀上有什麼明顯的特徵？
2. 請問 Hanne Gaby Odiele 在成長歷程中可能會遇到什麼困難（生理、心理、社會）？
3. 如果你是 Hanne Gaby Odiele，你會如何看待你自己？你會希望別人如何對待你？
4. 如果你身邊有類似狀況的朋友，你會如何對待他或幫助他？

案例D

腎上腺增生症（CAH）：腎上腺增生症作祟，雌雄難辨

https://goo.gl/MsBv81

簡介：

　　因嚴重尿道下裂合併隱睪症而需要開刀治療的小「男嬰」，在照超音波時卻找不到睪丸，深入診斷才發現該「男嬰」是罹患罕見的腎上腺增生症，才導致陰蒂過長及陰唇肥厚，事實上他是一名女嬰。經過 2 年的激素治療及泌尿生殖器重建整形手術後，該女嬰的性徵恢復狀況良好。醫生表示，腎上腺增生症常被誤認為男孩，直到青春期的第二性徵出現——乳房突出、有月經，才驚覺搞錯性別。

（全文請參看網站文章）

問題與討論：（七至十二年級適用）

1. 請問當事人在生理上有何異於一般人的特殊狀況？他們在外觀上各自有什麼明顯的特徵？
2. 請問他們在成長歷程中可能會遇到什麼困難（生理、心理、社會）？
3. 如果你是當事人，你會如何看待你自己？你會希望別人如何對待你？
4. 如果你身邊有類似狀況的朋友，你會如何對待他或幫助他？

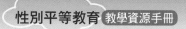

第二章
性別認同
Gender Identity

對應課綱：性別平等教育核心素養

性 A1　尊重多元的生理性別、性別氣質、性傾
　　　向與性別認同，以促進性別的自我了
　　　解，發展不受性別限制之自我潛能。

融入科目／領域：

自然、綜合、社會、健體

本章摘要

性別認同（gender identity）亦即所謂的心理性別，指的是個人對於自我偏向男性化或女性化特質的相對知覺。性別認同的發展受生理及社會環境所影響。在生理方面，胎兒在母體內即受到性激素的影響，可能會強化兒童往傳統所謂「男性化／女性化」的活動發展（現改稱「陽剛／陰柔」）；而在社會文化環境方面，父母透過為孩子預備之衣物及親子互動方式，也會形塑孩子的性別發展歷程。

嬰兒在大約 6 個月大就已經可以區分性別；3 歲之前，幼兒就能根據外表特徵來標示自己或他人的性別；到了 4、5 歲左右，性別認同就逐漸趨於穩定；6、7 歲左右，孩童就能夠了解性別不會改變。在兒童中期（國小階段）時，性別區隔是常態，喜歡與同性別的同伴玩在一起，或選擇與同性別的同伴相同之玩具或物品。青少年初期（國中階段），性別角色的認同會被強化，青少年中、後期（高中、大學階段）會逐漸較不在意他人眼光，如果有機會容許不同角色的選擇，則其性別角色彈性及自尊會較高。

生理因素（染色體異常或激素異常的影響）及心理因素皆會影響性別認同的發展。社會學習論（social learning theory）認為，在還未覺察自己的性別之前，幼兒即透過楷模學習與成人的增強，習得性別分化的行為，而形成性別的自我概念。認知發展論（cognitive developmental theory）認為，孩子理解到自己生理上是歸屬於男性或女性之後，便會開始蒐集相關資訊、模仿自己所屬性別者之行為表現，並透過社會觀察及自身經驗組織成自己的性別基模，以此來詮釋所處的世界並藉此引導自己的行為。

大多數人的性別認同與生理性別一致，但仍有少數人是屬於「性別不一致」的情況。跨性別、性別不安（原稱性別認同障礙）或變性慾的目前成因仍然不明，他們通常也不曉得自己為何會如此。因此，面對這些人時，應同理其所面臨的心理困擾，採尊重與接納的態度，並協助其尋求專業醫療協助。

、定義、理論與研究發現

一、性別認同的定義

性別認同（完整翻譯應為「社會性別認同」，簡稱「性別認同」）指的是，個人對於自我偏向男性化或女性化特質的相對知覺（**Berk, 2013**），亦即所謂的心理性別。根據《性別平等教育法》，性別認同是指個人對自我歸屬性別的自我認知與接受。

「性別認同」（gender identity）概念的運用可追溯至心理學家暨性學家 John William Money，他曾經研究一些間性別（intersex）的孩子，認為不論孩子的基因或生理性別為何，都可以被當成男孩或女孩來養大。他指出，當面對臨床上的性別變異時，性別決定的第一優先因素應該是**心理的性別認同**，使生物特徵盡量跟隨著**心理認定**的性別認同而調整。

然而，從 1950 年以來即有一小群科學家一直質疑 John William Money 的研究，例如：Milton Diamond 醫生認為，生理性別早在我們出生以前就已經在大腦中確定，基因及賀爾蒙的影響力是任何後天的影響都無法超越的。

在《性別天生：一個性別實驗犧牲者的真實遭遇》（*As Nature Made Him*）（戴蘊如譯，2002）一書中，描述了一個 John William Money 所做的實驗，其原本目的是要證明性別不是天生而是後天教養的，然而結果卻恰恰相反。David／Brenda（David Peter Reimer）從小被當成女性養大，在其成長歷程中就常覺得自己的性別與外界期待格格不入。後來，父母告訴他真相後，他決定變回男性，改名David，之後並結婚成為三個孩子的繼父。David 的故事證實了「天生的」機制對於性別仍有決定性的影響（BBC, 2009a, 2009b）（更多資訊可參考「延伸閱讀與教學資源」）。

二、性別認同的發展

性別認同的發展受生理及社會環境所影響。在生理方面，胎兒在母體內即受到性激素的影響，可能會強化兒童往傳統所謂「男性化／女性化」

活動發展（現改稱「陽剛／陰柔」），例如：男孩和女孩即使拿到同樣的玩具，其遊戲方式也會不同。另一方面，社會文化環境也會形塑孩子的性別發展歷程，例如：父母會為不同性別的嬰兒預備不同衣物，以及因性別差異而有不同的互動方式等。

依據 Kohlberg 的性別發展三階段論（如表 2-1 所示），大約 6 個月大的嬰兒就已經可以藉由臉部及聲音來區分眼前大人的性別。2 歲左右的幼兒已經能夠從外觀差異標示男女兩性；在 3 歲之前，幼兒就能根據外表特徵來標示自己或他人的性別；到了 4、5 歲左右，許多孩子的性別認同就逐漸趨於穩定，了解若是現在的性別是男性／女性，未來長大也是男性／女性。大約在 5 至 7 歲左右，孩童就能夠了解不論時間或外表改變，其性別永遠不變。

表 2-1　Kohlberg 的性別發展三階段論

階段	階段	發展特徵
一	性別標記（gender labeling）：3 歲之前	能根據外表特徵標記自己或其他人是男性或女性。
二	性別穩定（gender stability）：4 歲左右	了解現在的性別是男性／女性，未來長大也是男性／女性。但仍認為如果改變髮型或外型，就會改變性別。
三	性別恆常（gender consistancy）：5 至 7 歲左右	了解不論時間或外表改變，其性別永遠不變。

資料來源：Shaffer 與 Kipp（2014）

在兒童中期（國小階段）時，**性別區隔是常態**，他們大多喜歡與同性別的同伴玩在一起，或選擇與同性別的同伴相同之活動、玩具或物品（林淑玲、李明芝譯，2015；Berk, 2013）。

有研究指出，**性別認同與自尊有關**。在一個以 3 至 7 年級學生為研究對象的縱貫性研究（longitudinal study）中，性別典型（gender-typical）和

性別滿意（gender-contented）的兒童自尊呈現提升之傾向；性別非典型（gender-atypical）與性別不滿意（gender-discontented）的兒童，其自尊感下降。有些性別非典型的兒童可能面對遵從性別角色的壓力，而呈現退縮、悲傷、沮喪和焦慮（Yunger, Carver, & Perry, 2004；引自 Berk, 2013）。如果社會對性別特質的觀感過於刻板，性別非典型的孩子將容易受到同儕排擠，因而感受到負向情緒。

對於這樣的性別非典型孩子，有些人建議要幫助孩子增強其性別典型行為（Zucker, 2006；引自 Berk, 2013）。但另有些人則認為，應該調整的是父母及同儕對這些孩子的態度，而認為老師應協助父母及同儕接受孩子的性別非典型行為（Berk, 2013）。目前的觀點較傾向後者，我們在此呼籲社會大眾應接納孩子本來的樣貌。

青少年初期（國中階段），性別角色的認同會被強化（gender intensification），使得青少年往傳統的性別角色認同邁進（Hill & Lynch, 1983；引自 Berk, 2013），這可能與生理、社會、認知因素的影響有關。青少年階段因為第二性徵出現、父母鼓勵性別適應的行為，以及青少年較在意他人的看法，因此易期待自己做出被讚許的行為。到了青少年中、後期（高中、大學階段），隨著人格特質的成熟，性別強化會開始降低，青少年逐漸較不在意他人眼光（Berk, 2013），若能適當引導、接納非典型化性別角色，則可使之不被侷限在性別刻板印象中，而擁有更大的彈性及自尊。

三、影響性別認同的因素

影響性別認同的因素，可分為生理因素（染色體異常或激素異常的影響）及心理因素兩種，茲舉例如下。

（一）生理因素：染色體異常及激素異常的影響

1. 染色體異常影響性別認同

目前已知有超過七十種的染色體變異。**柯林菲特氏症**因為擁有XXY的細胞核型，在染色體核型判斷為男性，但是睪固酮製造不足。他們當中，

有些人因雌性激素過多，有較大的胸部與臀部、少毛、皮膚細嫩以及聲音較高，使得他們的性別認同有不同的選擇，有人以男性身分生活，有人以女性身分生活，例如：Caroline Cossey 原本以男性身分成長，後來選擇以女性身分繼續她的人生，並成為龐德女郎。

2. 激素異常影響性別認同

(1)雄性激素不敏感症（AIS）

此種患者具有 XY 的染色體核型，身體也能夠分泌雄性激素，但身體卻沒辦法對雄性激素有所反應，因此他們通常具有女性化的外表，也通常會具有女性的性別認同，例如：比利時名模奧迪爾（Hanne Gaby Odiele）即 AIS 患者，因為有隱睪症，為免癌化，在 10 歲時即進行睪丸切除手術，長期接受激素治療。她知道自己不能生育，也不會有月經，但性別認同為女性。到了 18 歲時，她接受了重建陰道手術（李怡寧，2017）。

(2)腎上腺增生症（CAH）

此症是一種遺傳性的缺損，患有 CAH 的女孩出生時通常會有男性化的外生殖器（男孩的身體發展則不受影響），且在產前接觸的雄性激素愈多，她們未來在遊戲、興趣甚至職業選擇上，都會較偏「男性化」（Hall et al., 2004; Servin, Nordenström, Larsson, & Bohlin, 2003）。

（二）心理因素

對於性別認同的心理因素之探討，**社會學習論及認知發展論兩大理論各持不同看法**。

1. 社會學習論

這一派的理論認為，「行為」是在「自我覺察」前出現。在還未覺察自己的性別之前，幼兒即透過楷模學習與成人的增強，習得性別分化的行為，然後組織形成性別相關的自我概念。人的行為（包括性別認同）是被行為的後果所調整，也就是藉由「獎賞」與「處罰」而建立人類的行為。

一個人如何成為男孩，是因為父母鼓勵他們「像男孩一樣」的行為，例如：跌倒了不要哭泣。並且，當他的行為舉止「像女孩一樣」，例如：塗口紅、穿媽媽的高跟鞋時，父母會譴責或處罰男孩的行為，使他得到「糾正」。因此，被父母或社會獎賞的行為會持續，但強力禁止的行為會消失。故社會性別的認同係來自於學習社會角色的扮演。

2. 認知發展論

　　這一派的理論認為，「自我覺察」是在「行為」之前出現（Berk, 2013）。孩子理解到自己的生理上歸屬於男性或女性之後，便會開始蒐集該群體的資訊以及模仿該群體的行為表現，例如：男孩因為生物形體長得像父親，所以開始從觀察父親來蒐集有關男性的資訊，並且模仿男性行為（Serbin, Powlishta, & Gulko, 1993）；而母親的生物形體長得比較不像男孩，因此有關母親的資訊與行為，就成為男孩蒐集「不同性別」資訊的對象。幼兒透過觀察來蒐集資訊，並且透過模仿來建立性別認同。**性別基模論**（gender schema theory）認為，兒童從社會觀察及自身經驗組織成自己的性別基模，以此來詮釋所處的世界並藉此引導自己的行為，例如：有些孩子看到洋娃娃會說是「女生的玩具」，看到戰鬥機則說是「男生的玩具」；有些孩子認為「男生留短髮、女生留長髮」等。

四、跨性別與性別不安／性別認同疾患

　　「順性別者」（cisgender），意指性別認同與生物性別／法定性別一致，如具有男性生殖器官並認同自己為男性。當性別認同與生物性別／法定性別不一致〔簡稱性別不一致（gender discordance）〕，如具有男性生殖器官但認同自己為女性，或是性別認同在男女之間，非男性亦非女性等情況時，概稱為「跨性別者」（transgender）（即指心理性別與生理性別不一致者），目前跨性別者的比例仍為極少數（註1）。在此所謂的「跨性別」與第一章所述之「性發展變異」（DSD）是不一樣的：跨性別是屬於心理性別的認同問題；性發展變異則為生理性別上的問題，乃因性染色體變異所影響。二者之狀況比較，如表 2-2 所示。

表 2-2　性發展變異與跨性別比較表

類型／特徵	性發展變異（DSD）* （陰陽人／雙性人／ 間性人 intersex）	跨性別（transgender）
染色體與外觀 （生理性別及生殖器官）	有些一致，有些不一致	一致（未變性前）
生殖器官	發育不全或變異（可單套或雙套性器官）	正常（單套）
生育能力	大部分無	有（未變性前）
生理狀況	可能無法正常排泄、性腺癌化，甚至死亡	正常（未變性前）
精神狀況	生理問題若無法排除，便可能引起心理問題	性別不安症
先天／後天	先天異常	後天型塑或自己選擇
內科醫療之需求	有些需要補充與生長發育有關的激素或藥物	不須（未變性前）
外科手術之必要性	嚴重畸形者須外科矯正，但不影響生命的外生殖整形，可等孩子決定性別後再施做	不須（未變性前）

資料來源：鄭威（2018）

　　有些跨性別者可自在生活，但有些會因此不一致狀況而感到強烈的困擾，甚至失能，這種狀況在精神醫學上稱為「性別不安」（gender dysphoria）（《精神疾病診斷準則手冊》第五版，簡稱 DSM-5 或「性別認同疾患」（或翻譯為性別認同障礙）（gender identity disorder, GID）（《國際疾病分類》第十版，簡稱 ICD-10）（註2）（國立臺灣大學醫學院附設醫院精神醫學部，2015）。

　　有些兒童或青少年會短暫出現性別不一致的現象，大約有 3%的 7 歲男孩以及 5%的 7 歲女孩會有性別不一致的行為出現（Van Beijsterveldt, Hudziak, & Boomsma, 2006），但兒童的性別不安大多會在青春期或近成年期

時消失，只有少數會持續到成年（國立臺灣大學醫學院附設醫院精神醫學部，2015）。根據美國精神醫學會統計，**98%的男孩和88%的女孩經過青春期後，最後會接受自己的生理性別**（註3）。兒童時期的性別不一致愈強，性別不安愈易持續到成年；性別不安減緩時，多數顯現出喜歡同性，而成為同性戀或雙性戀的順性別者。關於性別不安是否將持續至成年，青春期即是關鍵。與兒童期的性別不安不同，兒童期的性別不安大部分會緩解，但青春期的性別不安大多會持續到成年期之後（國立臺灣大學醫學院附設醫院精神醫學部，2015）。

美國精神醫學會（American Psychiatric Association, APA）於2013年5月出版的DSM-5精神疾病診斷準則手冊中，將性別不安獨立為一精神疾患種類，其分類下並區分為「兒童性別不安」（gender dysphoria in children）及「青少年和成人性別不安」（gender dysphoria in adolescents and adults），其臨床診斷準則摘錄如表2-3所示。

表2-3 DSM-5中的性別不安之臨床診斷準則

兒童性別不安	青少年和成人性別不安
A.個人所經驗／展現的性別和指定性別（assigned gender）之間顯著不一致，持續至少6個月，至少出現以下的6項準則（包含準則A1）：	A.個人所經驗／展現的性別和指定性別之間顯著不一致，持續至少6個月，至少出現以下的2項準則：
1. 強烈渴望成為異性或堅持他或她就是異性（或者有別於指定性別的其他性別）。	1. 個人所經驗／展現的性別和主要及／或次要性徵（或就青少年而言，指預期發育的次要性徵）之間顯著不一致。
2. 在男孩（指定性別），強烈偏好異裝打扮或模仿女性打扮；在女孩（指定性別），強烈偏好只穿著典型的男性衣著，並強烈拒穿典型的女性衣著。	2. 強烈渴望除去個人的主要及／或次要性徵，因為和個人經驗／展現的性別顯著不一致（或就青少年而言，渴望去阻止預期發育的次要性徵）。
3. 在假扮或幻想遊戲當中，強烈偏好跨越自己性別的角色。	3. 強烈渴望擁有異性的主要及／或次要性徵。

性別平等教育教學資源手冊

表 2-3　DSM-5 中的性別不安之臨床診斷準則（續）

兒童性別不安	青少年和成人性別不安
4. 強烈偏好典型的異性玩具、遊戲或活動。 5. 強烈偏好異性的玩伴。 6. 在男孩（指定性別），強烈拒絕典型的男孩玩具、遊戲或活動，以及避免打鬧的遊戲；在女孩（指定性別），強烈拒絕典型的女性玩具、遊戲或活動。 7. 強烈厭惡個人的性器官（sexual anatomy）。 8. 強烈渴望擁有符合個人所經驗的性別的主要及／或次要性徵（secondary sex characteristics）。 B. 此狀況與臨床上顯著苦惱或社交、學業或其他重要領域功能減損有關。	4. 強烈渴望成為異性（或有別於指定性別的其他性別）。 5. 強烈渴望被當作異性（或有別於指定性別的其他性別）一般看待。 6. 強烈堅信個人有異性（或有別於指定性別的其他性別）的典型感受和反應。 B. 此狀況與臨床上顯著苦惱或社交、學業或其他重要領域功能減損有關。

資料來源：摘錄自台灣精神醫學會譯（2014，頁 215）

　　性別不安者的情緒困擾或焦慮，可能來自於對自己的身體或生理（如生殖器官特徵）之焦慮。有的人只要做跨性別裝扮，就可以改善性別不安；有的人會求助醫療介入，例如：透過激素治療或性別置換手術來改變身體性別特徵，以達到與自我性別認同一致，緩解性別不安，而這些求助激素與手術治療等醫療介入的性別不安者，則稱為變性者（transsexual）。

　　臺大醫院精神醫學部於 2010 年發表校園內性別不安的研究指出，在大一新生中（樣本 5,010 人），男性有性別不安想法者占全體男性的 1.9%，而女性有性別不安想法者占 7.3%。荷蘭學者 Kuyper 等人於 2014 年的大規模研究發現，4.6%的男性與 3.2% 的女性有矛盾的性別認同（認同生物性別，也認同其他性別），1.1%的男性與 0.8%的女性有不一致的性別認同

040

（認同其他性別更甚於生物性別）（國立臺灣大學醫學院附設醫院精神醫學部，2015）。

　　在性別不安青少年中，約有三成同時有其他的精神疾患（焦慮症占21%、憂鬱症占 12.4%、侵擾行為疾患占 11.4%），且青春期的性別不安女性患有憂鬱症和社交焦慮症之比率較高（國立臺灣大學附設醫院精神醫學部，2015）。性別不安的兒童和青少年同時合併有自閉症類群（ASD）的比率（7.8%）較一般人（0.6～1%）為高（de Vries, Noens, Cohen-Kettenis, van Berckelaer-Onnes, & Doreleijers, 2010）。因此，對於性別不安青少年的照護，應涵蓋心理與生理的全方位協助（而非僅聚焦於性別不安），方能對其健康成長有舉足輕重的影響（國立臺灣大學附設醫院精神醫學部，2015）。

　　面對跨性別的孩子或性別不安者，有些社會運動者提倡應該以「肯定式」的方式對待之（對跨性別者的心理性別認同完全肯定而忽略其他因素）。然而，也有心理學家不認同「肯定式」理論，因為很多原因都可能會導致兒童出現性別焦慮。如前所述，有時性別焦慮會伴隨其他精神健康問題（註4），若將其直接歸咎於汙名和歧視的「單一成因」，反而會使得兒童的真正需要被忽略。兒童心理學家 Devita Singh 即認為，跨性別兒童的問題並不能全歸咎於汙名和歧視。他研究了被轉介到成癮及心理健康中心（Centre for Addiction and Mental Health, CAMH）的 139 名患有性別焦慮之男童，發現當中有高達 88% 者在成年後認同原生性別，不再想變性（香港性文化學會網站，2017）。

　　目前，造成性別不安的原因還是沒有定論，不確定是遺傳或後天環境的影響。因此，面對這群性少數，應同理其所面臨的心理困擾，採尊重與接納的態度，並幫助其接受正規的專業醫療協助。面對兒童期的性別不安，我們不鼓勵於青春期開始前即進行完全的社會性別轉換，應在「接納兒童的性別不一致」與「在現實考量下，保持一定程度的性別彈性，以避免被他人負向對待」之間找到平衡點，協助兒童安全成長、發展強壯的自尊，並接受「關於性別的願望不見得都能達成」的挫折（國立臺灣大學醫學院

附設醫院精神醫學部，2015）。建議父母應以愛與尊重的開放態度，營造一個接納的環境，鼓勵孩子從遊戲中探索，不需刻意強調這些遊戲傳統上屬於哪種性別，使其可以自由表現，減少性別不安（劉弘仁，2017）。由於性別不安與其他心理健康問題之間可能有交互影響，包括：焦慮、憂鬱、自我傷害、受虐或其他心理健康議題，當孩子發生類似情況時應求助專家，以釐清問題。

五、變性

性別不安／性別認同障礙或變性慾者最後可能會選擇變性。變性（性別重置）手術是將原生理性別的內外生殖器官給予切除，重建另外一種性別的內外生殖器官，此必須經歷大量的激素治療以及多次的手術。

變性手術只能改變身體的結構與功能，而無法改變身體所有細胞的染色體結構。外觀上雖已改變，卻必須持續靠施打性激素才能維持性徵。男變女後，因為缺乏真正的卵巢與子宮，所以並不會有卵子與月經，也不可能懷孕。女變男也不可能產生精子，且因為手術會取下內生殖器官，所以也會失去生殖能力，例如：中國大陸知名藝人「金星」，他從不諱言自己變性的事實，然而他也承認變性人不但要承受變性手術所帶來的身體痛苦，還要終其一生服用激素（否則將成為無性人）。此外，變性人也永遠不能生育兒女（註5）。

性別重置手術**不論在孩童時期或在成年期，都具有相當的風險與後遺症**，而且是不可逆的。此外，手術產生併發症的比例相當高，舉例來說，進行陰莖成型術的女性，有 79%術後有尿液滴瀝情形，即使手術後，依然有五分之四需要以坐式解尿，產生尿道瘻管的比例更高達三成五，無形中也增加了生殖泌尿系統感染的風險（國立臺灣大學醫學院附設醫院精神醫學部，2015）。因此醫師呼籲，在執行手術前必須進行審慎評估及多方考量，而且必須符合法條上相關規定。一般醫師會根據幾方面謹慎評估是否適合變性，包括：是否為原發性變性慾者、年齡在 20 歲以上、智力功能在中等以上、在扮演另一性別角色的生活適應上至少有二年以上的良好適應

狀況、父母及家人支持、取得二家不同醫院的精神評估證明等。而且，一般還是建議要慎重考量生理部分對日後發展之影響。

媒體在報導變性時，常呈現其美好的一面，好像變性後的一切問題都會解決，但事實並非如此。近年來，全世界各醫學中心對於變性手術的看法漸趨保守，主要理由是變性手術並無法滿足患者的心理需求。儘管有研究指出，變性手術可以幫助一些受性別不安／性別認同障礙困擾的人士，但不應視之為唯一的方法或過分美化變性手術的效果。

臺灣有研究者從 447 位經由激素治療或合併手術治療過後的變性者中，追蹤其中的 55 位患者，宣稱個案在變性後的整體人際、社會適應均有統計上顯著之改善（李鶯喬、謝仁俊，2013）。但上述研究所追蹤的個案比例僅占 12%，因此其結果的說服力較為有限。另有學者指出，變性手術或許可以解決身心不協調之困擾，但並無法解決所有問題，例如：職業與社會適應，以及人際關係等。約翰霍普金斯醫院（Johns Hopkins Hospital）前首席精神病學專家 Paul McHugh 博士表示，大多接受過手術的病人稱其對結果「滿意」，但他們後來的心理社會調適比那些沒有接受手術者好不了多少（McHugh, 2016）。瑞典卡羅林斯卡學院（Karolinska Institute）於 2011 年也發表一篇長達三十年對 324 位接受過性別重置手術者的長期追蹤調查，發現在接受手術十年之後，變性人開始經歷愈來愈多精神上的折磨。最令人震驚的是，與可比較的非變性群體相比，他們的自殺死亡率高了二十倍，這個令人不安的結果還沒有得到合理的解釋。如此高的自殺率，不得不讓人質疑手術治療是否真正解決所有的問題（Dhejne, Lichtenstein, Boman, Johansson, Långström, & Landén, 2011）。

儘管有些媒體報導（如《國家地理雜誌》），宣稱個案變性後似乎更自在，然而歷年來卻陸續有一些變性後後悔的案例被報導出來（註6）。因此有學者認為，非必要就不要做變性手術。尤其是青少年正處於「形成自我認同」與「建立角色統整」的階段，若無法「自我認同」時，即會產生角色混淆，因此建議切勿任意判斷而進行不可逆的手術。在個案小於 12 歲時，心理治療暫時是較為可行的介入方案（Fausto-Sterling, 2000）。

在臺灣，接受變性手術後，在戶籍上的性別變更可依據「內政部 97 年 11 月 3 日內授中戶字第 0970066240 號令」：

申請女變男之變性者，須持經二位精神科專科醫師評估鑑定之診斷書及合格醫療機構開具已摘除女性性器官，包括乳房、子宮、卵巢之手術完成診斷書。申請男變女之變性者，須持經二位精神科專科醫師評估鑑定之診斷書及合格醫療機構開具已摘除男性性器官，包括陰莖及睪丸之手術完成診斷書。（註 7）

六、總結

性別認同不安或變性慾者之病因仍然不明，不確定是遺傳或後天環境的影響；即便是後天環境的影響，這些人通常也不曉得自己為何會有這種困擾。因此，面對這群性少數，應同理其所面臨的心理困擾，採尊重與接納的態度，並設法協助其接受正規的醫療協助。

延伸閱讀與教學資源

- 戴蘊如（譯）（2002）。**性別天生：一個性別實驗犧牲者的真實遭遇**（原作者：J. Colapinto）。臺北市：經典傳訊。

- Dr. Money and the Boy With No Penis [46:56]

  https://topdocumentaryfilms.com/dr-money-boy-with-no-penis/

- The Boy Who Was Turned Into a Girl（共五集，第三集無法觀看）

  https://www.youtube.com/watch?v=9LQBcAVghu4 [10:24]

  https://www.youtube.com/watch?v=Xca0F_SvWWc [10:24]

  https://www.youtube.com/watch?v=mZIs70w6W6s [10:24]

  https://www.youtube.com/watch?v=vfWe3crKDdk [10:22]

- 重量級報告：未有科學證據支持性傾向及性別認同天生不可改變

  https://goo.gl/dziHxz

- 國家地理雜誌編輯部（2017）。性別革命【專刊】。**國家地理雜誌中文版，1月號第 182 期。**

- BBC 跨性別兒童紀錄片掀爭議（性文化資料庫）

  https://goo.gl/hG14ub

- 《跨性別孩子：誰最懂？》（*Transgender Kids: Who Knows Best?*）[58:59]

  https://www.dailymotion.com/video/x58s24i

  簡介：在這部影片中，生理性別為女性的盧（Lou），在 20 歲時移除了乳房，但這決定令她懊悔不已。

- Hoyer, N. (Ed.) (2004). *Man into woman: The first sex change* (Trans. by J. Stenning). London, UK: Blue Boat Books Ltd.

  簡介：這是史上最著名變性人 Lili Elbe 的回憶錄《從男到女：第一次變性》，電影《丹麥女孩》（The Danish Girl）即改編自此傳記。

- 「他變她　老師你好正」華視新聞雜誌（2015.05.09）

  https://www.youtube.com/watch?v=doUthpOA41g

- 「她變他孩子我挺你」華視新聞雜誌（2015.05.09）
  https://www.youtube.com/watch?v=SMO6J-GmL4E&t=29s
- 分享出櫃心路，變性教師曾愷芯有憾，「母親至今無法諒解」
  http://news.ltn.com.tw/news/life/paper/985114
- 《我是女生》家人接受 Jazz 的心理性別認為自己是女生
  https://www.youtube.com/watch?v=Vqa4I-nLw1E
- 「她」以為會更快樂...變性切光光卻後悔回不去了
  http://news.ltn.com.tw/news/life/breakingnews/1651030
- 變性後悔案例
  http://www.sexchangeregret.com/
- 「做自己」一定幸福？（上）（下）
  http://wp.me/p8iPwg-h1a、https://goo.gl/mujjDx
- 四歲也變性？變性低齡化惹爭議
  https://goo.gl/pW7zeQ

註解：

註 1：衛生福利部金門醫院精神科主治醫師徐志雲表示：「全球關於跨性別者人口比例的研究主要集中在歐洲國家，其中男跨女（MtF）在人口中的比例，大約介於 11,900 至 45,000 分之一；女跨男（FtM）大約介於 30,400 至 200,000 分之一。整體來說，MtF 比 FtM 來得多」隨著這幾年的社會包容度略微改善、醫療資訊的流通增加，到醫院進行變性評估的人數也是逐步上升（謝海盟，2017）。近十年來，英國要求變性的女孩成長了 4400%，引起官方關注，於是開始調查是否是因媒體報導及學校介紹跨性別之影響（https://goo.gl/Ydb8co）。

註 2：ICD 11 版的草案將「性別認同疾患」改為「性別不一致」（gender incongruence），預計將在 2019 年 WHO 大會討論。若是通過，將於 2022 年實施。

註 3：引自《性文化通訊》第 10 期（2016 年 5 月）：《性別意識禍及兒童》美國兒科醫生學會立場書（http://goo.gl/k87WmU）。原始資料來源於 American Psychiatric Association (2013). *Diagnostic and statistical manual of mental disorders* (5th ed.) (pp. 451-459). Arlington, VA: Author. 請見第 455 頁：re: rates of persistence of gender dysphoria。

註 4：擁有數十年臨床經驗的心理學家 Kenneth Zucker，因不認同跨性別運動者所提倡的「肯定式」理論，而被所屬醫院解僱，但他還是勇於提出他研究出的「事實」（香港性文化學會，2017）。

註 5：真實案例：

- 《我是女生》Jazz 複診結果及身體未來變化的走向 [1:54]，
  https://www.youtube.com/watch?v=u2zQZOpILKg
- 中一中師談變性辛酸　母親迄今不接受
  https://tw.appledaily.com/new/realtime/20160430/850343/
- 金星「變性手術」後遺症，你真的以為變性很安全？
  https://kknews.cc/zh-tw/entertainment/95nyeb.html
- 金星因為變性付出巨大代價，後遺症太恐怖！
  https://kknews.cc/entertainment/p4yjrej.html

註 6：變性後悔的案例：

- 男童變性兩年就後悔　家長怪罪醫生性別診斷太草率
  http://news.ltn.com.tw/news/world/breakingnews/2191093
- 男變性當女 23 年後悔　75 歲老婦想要裝回男根
  https://goo.gl/kWSfRn
- 《跨性別孩子：誰最懂？》（Transgender Kids: Who Knows Best?）
  [58:59]
  https://www.dailymotion.com/video/x58s24i

註 7：「內政部在 2015 年初，即展開跨部會研商性別變更登記『免摘除生殖器官』方案。兩年下來，多次與行政院公文往返，政院對政策始終懸而未決，理由是『各部會意見仍不一致』。⋯⋯內政部統計，1998 年至 2014 年止，共有 532 人完成性別變更登記。自 2015 年起，內政部因人道團體的建議，研商『免摘除生殖器官』變更性別的議題，忽忽兩年過去，方案仍未核定，但又多出 161 人摘除生殖器官，完成性別變更登記。累計至今年 4 月 30 日，分別有男變女 409 人、女變男 284 人，男變女的意向較女變男多出一倍」（李順德，2017）。

參考文獻

中文部分

台灣精神醫學會（譯）（2014）。**DSM-5 精神疾病診斷準則手冊**（原作者：American Psychiatric Association）。臺北市：合記。

李順德（2017 年 6 月 15 日）。「性別變更免摘除性器官」懸而未決。**新新聞**。取自 https://reurl.cc/41M4L

李寧怡（2017 年 1 月 26 日）。28 歲超模出櫃　自爆陰陽人。**蘋果日報**。取自 https://goo.gl/HHuZsN

李鶯喬、謝仁俊（2013）。**變性慾症者大腦解秘**。取自 https://reurl.cc/loRYj

林淑玲、李明芝（譯）（2015）。**發展心理學**（原作者：D. R. Shaffer & K. Kipp）。臺北市：新加坡商聖智學習。

香港性文化學會（2017）。**BBC 跨性別兒童紀錄片掀爭議**。取自 https://goo.gl/QZqgM2

國立臺灣大學醫學院附設醫院精神醫學部（2015）。**性別不安**。取自 http://health99.hpa.gov.tw/media/public/pdf/21920.pdf

劉弘仁（2017 年 2 月 2 日）。兒童性別認同發展。**國家地理雜誌**。取自 https://www.natgeomedia.com/news/external/56510

鄭威（2018）。**以醫療彌補被大自然遺忘的染色體**。取自 https://reurl.cc/jWWD1

戴蘊如（譯）（2002）。**性別天生：一個性別實驗犧牲者的真實遭遇**（原作者：J. Colapinto）。臺北市：經典傳訊。

謝海盟（2017 年 8 月 10 日）。變性男女大不同。**鏡週刊**。取自 https://goo.gl/fmb1Rv

性別平等教育 教學資源手冊

英文部分

BBC (2009a). *The boy who was turned into a girl*. Retrieved from https://reurl.cc/ZAGN6

BBC (2009b). *Dr. Money and the boy with no penis: An experiment on nature versus nurture goes tragically wrong*. Retrieved from https://reurl.cc/6ZabV

Berk, L. E. (2013). *Child development* (9th ed.). Boston, MA: Pearson.

de Vries, A. L., Noens, I. L., Cohen-Kettenis, P. T., van Berckelaer-Onnes, I. A., & Doreleijers, T. A. (2010). Autism spectrum disorders in gender dysphoric children and adolescents. *Journal of Autism and Development Disorders, 40*(8), 930-936. doi:10.1007/s10803-010-0935-9.

Dhejne, C., Lichtenstein, P., Boman, M., Johansson, A. L., Långström, N., & Landén, M. (2011). Long-term follow-up of transsexual persons undergoing sex reassignment surgery: Cohort study in Sweden. *PLoS One, 6*(2), 1-8. Retrieved from https://www.ncbi.nlm.nih.gov/pmc/articles/PMC3043071/

Fausto-Sterling, A. (2000). *Sexing the body: Gender politics and the construction of sexuality*. New York, NY: Basic Books.

Hall, M. C., Jones, A. J., Meyer-Bahlburg, F. L. H., Dolezal, A. C., Coleman, E. M., Foster, E. P., Price, E. D., & Clayton, E. P. (2004). Behavioral and physical masculinization are related to genotype in girls with congenital adrenal hyperplasia. *The Journal of Clinical Endocrinology & Metabolism, 89*(1), 419-424.

Hill, J. P., & Lynch, M. E. (1983). The intensification of gender-related role expectations during early adolescence. In J. Brooks-Gunn & A. Petersen (Eds.), *Girls at puberty: Biological and psychosocial perspectives* (pp. 201-228). New York, NY: Plenum.

McHugh, P. (2016, May 13). Transgender surgery isn't the solution: A drastic physical change doesn't address underlying psycho-social troubles. *The Wall Street Journal*. Retrieved from https://reurl.cc/9G9OY

Serbin, L. A., Powlishta, K. K., & Gulko, J. (1993). The development of sex typing in middle childhood. *Monographs of the Society for Research in Child Development, 58*(2), 1-95.

Servin, A., Nordenström, A., Larsson, A., & Bohlin, G. (2003). Prenatal androgens and gender-typed behavior: A study of girls with mild and severe forms of congenital adrenal hyperplasia. *Developmental Psychology, 39*(3), 440-450.

Shaffer, D. R., & Kipp, K. (2014). *Developmental psychology: Childhood & adolescence*. Belmont, CA: Wadsworth/Cengage Learning.

Van Beijsterveldt, C. E., Hudziak, J. J., & Boomsma, D. I. (2006). Genetic and environmental influences on cross-gender behavior and relation to behavior problems: A study of Dutch twins at ages 7 and 10 years. *Archies of Sexual Behavior, 35*, 647-658.

Yunger, J. L., Carver, P. R., & Perry, D. G. (2004). Does gender identity influence children's psychological well-being? *Developmental Psychology, 40*, 572-582.

Zucker, K. J. (2006). I'm half-boy, half-girl: Play psychotherapy and parent counseling for gender identity disorder. In R. L. Spitzer, M. B. First, M. Gibbon, & J. B. W. Williams (Eds.), *DSM-IV-TR Casebook* (Vol. 2) (pp. 322-334). Washington, DC: American Psychiatric Association.

貳、教學原則

一、教導一般學生如何對待性別不一致的學生

1. **避免讓對方有被拒絕的感覺**，表達對其個人的接納，建立互相尊重的信任關係。

2. 理解對方的個人行為表現，不要論斷、貼標籤。先了解對方是否有性別認同的困擾，有些人可能因為生理上的基因變異，以致於外觀與其生理性別不甚一致；另外，也有些人的心理認同與其生理性別是不同的。不管一個人的行為表現或言談氣質是否與大多數的人相同，都應該尊重每一個人的價值，不歧視，也不以這些特殊情形作為取笑的理由。

二、對於性別不一致的學生，教師應以愛對待、謹慎引導其接納自己、建立自尊

1. 提醒其**不要太早為自己定型**。青少年正處於自我認同的發展時期，深受文化、同儕等社會因素的影響，有時會有困惑或迷惘的情形，這是正常的現象，不用太過心慌與焦慮。

2. 協助學生釐清想法。性別認同是主觀的心理認定，保持聆聽與尊重的開放態度來討論這個主觀認定的形成原因或過程，如果有需要時，也可以鼓勵其尋求專業輔導員或機構的協助。

3. 提升學生的自尊，助其接納自己本來的樣子。

4. 教導「**性別不一致**」的學生，當覺得別人不太友善時，要如何調適自己。

    (1)先釐清引發問題的原因。有時他人的不友善與性別認同無關，而是來自其他的問題，例如：溝通不良、表達方式造成的誤會、工作能力或態度等。

    (2)學習表達：「我的狀況是……希望大家可以了解，並且我希望你可以用……（的方式）對待我。」特殊學生或年紀較小者，可由第三者出面協助溝通。但也必須了解，他人不一定可依照你所期待的方式對待自己，當他人無法符合自己的期待時，也要學習尊重他人的感受。

    (3)學習肯定自我價值，不要讓別人定義自己。因為每個人都有獨特的特質，不要過於在乎別人看待自己的眼光。

    (4)找輔導老師談談，尋求專業意見。

    (5)若別人的行為涉及性霸凌、性騷擾，可向導師或學務處反應。

、真實案例

由於著作權的關係，部分案例無法全文轉載，請讀者自行上網閱讀全文後，再進行問題與討論。

案例 A

英國健兒女變男：性別像被人偷走

https://goo.gl/kU6QM2

https://goo.gl/uhZ1q1（英文）

簡介：

英國男子 Joel Holliday，出生時就罹患罕見的「泄殖腔外翻」——尿道和消化道無法完全合攏，以致於性別難以判斷。因醫生誤判，經歷一段「由男變女」的時期。然而，到了青春期，他卻發現自己比較喜歡足球和車子，而且對女生有莫名好感；直到 25 歲找了一位研究激素的專家進行檢查，才從染色體的排列確認他其實是個男生。除了開始攝取雄性激素，也預約了人造器官的手術，以恢復男兒身。

（全文請參看網站文章）

問題與討論：（十至十二年級適用）

1. 請問泄殖腔外翻患者有哪些特徵？
2. 說說看 Joel 在性別認同的過程中經歷哪些困難？
3. 如果你是 Joel 的親朋好友，你會怎樣對待／幫助他？
4. 如果你是 Joel 本人的話，你希望別人如何對待／幫助你？

案例 B

奧運男子十項全能金牌得主，變性改名

https://goo.gl/8YD5AF（含訪談影片）

簡介：

　　1976 年奧運十項全能金牌得主 William Bruce Jenner，於 65 歲時向全世界正式公告變性，改名為 Caitlyn Jenner。他說自己在年輕時就出現「性別不安」的現象，只是因社會氛圍無法接受而一直隱瞞。他結過好幾次婚，也育有子女，並強調性別認同和性愛取向不同。他說：「我不是同志，我是異性戀者，我一直找女性伴侶，並養兒育女。」

（全文請參看網站文章）

問題與討論：（十至十二年級適用）

1. 請問性別不安特徵有哪些？

2. 如果你是 William Bruce Jenner，在成長歷程中，你希望別人如何對待／幫助你？

3. 變性者會經歷哪些歷程？

4. 如果你是 William Bruce Jenner ／ Caitlyn Jenner 的親朋好友，你會如何對待／幫助他？

案例 C

變性手術八年過後，他決定再次變回男性

https://goo.gl/tEhysm（英文）

Walt Heyer and Ana Samuel: Rethinking Transgenderism（演講影片）

https://goo.gl/mGGBW8

簡介

　　Walt Heyer 曾是公司主管，擁有幸福婚姻與兩個孩子，但他在 42 歲那年決定進行變性手術，生理上擁有女性的乳房，也接受女性荷爾蒙治療，並改名為 Laura Jenson。然而，他逐漸發現，外觀上雖然如願成為「女性」，但仍無法滿足空虛的內心，他的痛苦其實是深植於內心的幼年期創傷。八年過後，他決定再次變回男性。Walt Heyer 指出，有些人聲稱變換性別如同變換衣服或髮色一樣，這是非常可怕的。Walt Heyer 現在是一位作家和演說家，並在各地保護想要改變性別的人，以及已經進行變性手術而感到後悔的人。

（全文請參看網站文章）

問題與討論：（十至十二年級適用）

1. Walt Heyer 第一次決定變性，是因為什麼動機呢？

2. Walt Heyer 再次決定變性的動機又是什麼呢？

3. 試想，Walt Heyer 如果現在遇到想改變性別的人，你想他會說什麼？

4. 如果你是 Walt Heyer 的親朋好友，你會如何對待／幫助他？

第三章
性別刻板印象
Gender Stereotype

對應課綱：性別平等教育核心素養

性 B2　培養性別平等的媒體識讀與批判能力，
　　　　思辨人與科技、資訊與媒體之關係。

融入科目／領域：

自然、綜合、社會、健體、生活、科技

本章摘要

在人類認知發展的過程中，刻板印象實扮演了重要的角色，它讓個體可依據共同特徵來分類事物，以便快速地適應環境。團體會基於性別、性別角色認同、種族或民族、國籍、年齡、社經地位、語言等面向，而對特定群體形成一個總體看法——一套簡化、精粹的廣泛信念或「刻板印象」，這些刻板印象是團體成員所共有的認知架構，深植於社會制度與文化之中。刻板印象在兒童早期發展時即開始顯現，它影響且形塑著個體人際互動的方式。

性別刻板印象（gender stereotypes）是指，社會及個人對男女所應具有的特徵、行為及規範等，所抱持的僵化看法。性別刻板印象與性別角色的發展有密切關係。3 至 7 歲的兒童逐漸了解性別是不能改變，並發展符合其性別的行為，會主動尋找同性玩伴玩耍，性別區隔增強。到了 6 至 7 歲，兒童會因為強烈的性別刻板印象，無法容忍與性別不符的行為。兒童中期（8 歲以後）至青少年時期，兒童對於男女特徵和能力的信念會變得比較具有彈性。12 歲之後的青少年則會積極尋求建立自己的性別特質，甚至伴隨著性別強化（gender intensification），使得他們往一般社會認可的性別角色邁進。青少年後期，性別強化會開始降低，但如果他們有機會覺察性別刻板印象對自己及社會的影響，則可擁有較彈性的性別概念和更高的自尊。

性別刻板印象常見於「性別特質」、「性別角色」及「職業選擇」等方面。「工具性特質」，常被視為男性特質；而「表達性特質」（或「情感性特質」），則常被視為女性特質。在性別角色上，一般常期待男主外、女主內，男主動、女被動；在職業上，教養與照顧等相關職業常被認為較適合女性，而工程師、醫師等專業工作則常被認為較適合男性。事實上，若能具備剛柔並濟的特質及彈性的性別角色，不受刻板印象的束縛，則心理會比較健康、壓力承受力也較大。

我們要分辨普遍事實與刻板印象的差別。即便大多數人符合某種刻板印象，對於少數「與眾不同」的人，仍須尊重。每個人都是獨特的個體，應避免過度簡化人類行為的複雜度與多樣性，以免導致誤解，甚至剝奪個人多面向學習與選擇的機會。

、定義、理論與研究發現

一、性別刻板印象的定義

　　刻板印象（stereotype）一詞，原本是指印刷工人整版印刷的金屬模板，後來這個名詞被延伸用來形容人們腦海中對某一特定人群的固化印象。由於我們沒有足夠的時間去了解每一個個體或複雜的世界，因此會以簡化的方式將其分類或評定某些特定的人事物，因而形成固化的刻板印象。在人類認知發展的過程中，刻板印象實扮演了重要的功能，它讓個體可依據共同特徵來分類事物，以便快速地適應環境。

　　團體也會基於性別、性別角色認同、種族或民族、國籍、年齡、社經地位、語言等面向，而對特定群體形成一個總體看法，且對於特定群體有一套簡化、精粹的廣泛信念或「刻板印象」，這些刻板印象是團體成員所共有的認知架構，深植於社會制度與文化之中。兒童早期發展時即開始顯現刻板印象，它影響且形塑著個體人際互動的方式（科技部，2015）。

　　Franzoi（2006）認為，刻板印象是我們簡化世界的方式，不盡然有負面的意涵。但是，有些學者在定義刻板印象時，卻往往帶有負面的含意，例如：在《簡明心理學辭典》（黃希庭，2005）當中，將刻板印象定義為「人們對某個群體或某個階層的成員所形成的相對簡單、概括和固定的看法，通常集中在消極的、不利的方面」（頁303）。《心理學辭典》（溫世頌，2006）則將刻板印象定義為「一種社會認知傾向，指以團體的屬性來描述其成員的特質，而不管對該成員的描述是否正確或合適」（頁93）。《張氏心理學辭典》（張春興，2007）對刻板印象的定義則為「對人或事所持的觀念或態度中，有著像木刻板一樣僵固不變的傾向」，並指出「刻板印象的特徵是，不以親身經驗為根據，不以事實資料為基礎，單憑一些人云亦云的間接資料，或只憑一偏之見，即對某事、某人、某團體做武斷的評定」（頁423）。

　　個人從社會文化中獲得的刻板印象，往往並非來自直接觀察或以具體事實為依據，因此刻板印象可能會過度類化，或者以偏蓋全，忽略個別差

異。若我們以刻板印象來判斷個別成員之特性時，則很可能會產生偏差，甚至可能因此造成傷害，例如：過去美國白人對黑人有消極的刻板印象，認為黑人的智商較低、又髒又懶、不誠實，這可能是造成美國境內之黑人長期處於不利地位的一個重要原因（宋明順，2000）。

至於性別刻板印象是指，社會及個人以「性別」為最初的分類基礎，而對不同／相同性別的人所應具有的特徵、行為及規範等，所抱持的僵化看法，屬於「社會性別」（gender），例如：社會對於男、女所「應該」具備的人格特質、角色分工及職業選擇等面向，都可能有先入為主的既定觀念。性別刻板印象如果太過僵化，有可能會限制個人的身心發展，影響人際互動及生涯發展。

二、性別刻板印象與性別角色的發展

性別刻板印象的發展與性別角色的發展有著非常密切的關係。兒童的性別認同在 18 個月大時開始建立，此時幼兒已能夠區分男性與女性，並且知道自己的性別。3 至 7 歲的兒童已逐漸了解性別是不能改變，並發展性別配合行為，會主動尋找同性玩伴玩耍，性別區隔增強（晏涵文、黃富源，2002）。到了 6 至 7 歲，兒童會因為強烈的性別刻板印象，無法容忍與性別不符的行為（Berk, 2013）。高度性別基模化的兒童，在認知外在世界時會傾向以「適合性別」與「不適合性別」來分類，也就是傾向二分法（either/or）的方式，而缺乏彈性。

兒童中期（8 歲以後）至青少年時期，兒童漸漸了解到，性別屬性和性別特徵有關但並非絕對，因此對於男女特徵和能力的信念會變得比較具有彈性。而 12 歲之後的青少年則會積極尋求建立自己的性別特質，甚至伴隨著性別強化，使得他們往一般社會認可的性別角色邁進。這現象可能與生理因素（第二性徵的出現）、社會因素（如父母鼓勵性別適應的行為），以及認知因素（如青少年較在意他人看法，並期待被讚許的行為）都有關係。

到了青少年後期，性別強化會開始降低，但如果他們有機會覺察性別

刻板印象對自己及社會的影響，較容易對性別概念擁有較高的彈性，並有更高的自尊（Berk, 2013）。因此，建議父母在教養子女時，不需要求男孩／女孩在行為、能力上必須有不同表現，甚至可以刻意打破性別刻板印象，鼓勵與培養孩子各種「正向」特質，而非僅容許「符合」社會期待的性別特質（晏涵文、黃富源，2002）。

三、常見的性別刻板印象

分析各種性別刻板印象的樣貌，可知性別刻板印象常見於下列三方面。

（一）性別特質

「性別特質」一詞所反映的是社會對不同性別之人格特質或行為表現的既定期待，若特質或行為表現符合社會期待會受到讚許，反之則會受到壓力或責罰。「性別特質」是以「性別」來分類「人格特質」，但事實上此一名詞卻可能會加強性別刻板印象。

例如：1960 年代許多研究都發現，「工具性特質」——強調反思能力、理性、主見，常被視為男性特質；而「表達性特質」（或「情感性特質」）——強調溫暖、照顧人、敏感，則常被視為女性特質。雖然 1970 年代以後的各種政治運動促進了性別的平等，但跨文化研究顯示，這種二分法還是世界各地常見的性別刻板印象（Berk, 2013）。

在傳統社會文化中，男性陽剛、女性陰柔才能獲得讚賞。然而研究發現，愈「雙性化」（androgynous），也就是愈「剛柔並濟」的人，就愈能跳脫性別基模、不受刻板印象的束縛，也更具有彈性（Bem, 1981），這樣的人心理較健康、壓力承受力也較佳（Berk, 2013），他們比較能因應不同的狀況，適當的表現出工具性或情感性特質，以面對不同的困難或挑戰（晏涵文、黃富源，2002）。

（二）性別角色

個人受社會文化影響，對於不同性別在社會互動及分工上，往往會有

固定模式的角色期待，例如：傳統社會在家務角色分工上期待男主外、女主內；在兩性關係上，常期待男性應採取主動，女性則應被動；在職場上，認為男性較適合擔任支配或領導者，女性適合擔任從屬者或輔助者等。不過，也有學者指出，特定的性別角色偏好早在兒童了解性別刻板印象之前就已形成（Berk, 2013），因此刻板印象的形成及性別角色的塑造孰為因果，實難認定。

（三）職業選擇

　　性別的刻板印象深植在社會機構與廣泛的文化中，因此也會影響個人在職業的選擇以及生涯規劃，例如：中小學及幼教老師、保母、護士、美容師等職業以女性為多，而工程師、醫師、船員、建築工人等職業則是男性較多；在婚姻中面臨需要有一方辭職照顧家庭時，通常也會期待由女性離開職場，而成為家庭全職照顧者的角色；在薪資及升遷機會上，女性也較男性處於較弱勢的地位。這些都是性別刻板印象的影響。

四、刻板印象與偏見

　　另一個與刻板印象較接近的概念是「偏見」（prejudice），即是對人事物抱持某種特定的看法，而不接受與其相反的證據。一般人會對「偏見」給予負面評價並極力主張避免，但是也有學者持不同的觀點，例如：耶魯大學心理學教授 Bloom（2014）在演講中指出，我們從嬰兒時期開始就懂得從別人的行為分辨好壞、區分你我，這種分類可說是一種「偏見」，而這也是成長歷程中不可或缺的「經驗累積」。他認為，人們透過各種分類／偏見來學習、分析事物，並理解自身所處的世界。透過偏見與刻板印象，我們才能在一無所知的基礎之上，推測出某些訊息傳達出的意涵，並進一步依據理性做出決定。當然，此處的「偏見」是較為中性的定義，與前面所提及的「偏見」定義不同。

　　不論是「刻板印象」或「偏見」，重點應在於它是否「僵化」不可動搖？是否已形成對人的不公平待遇而變成「歧視」？面對某些言論或意識

型態時，必須要分辨何為普遍的事實、何為僵化的刻板印象。每個人都是獨特的個體，應避免過度地簡化人類行為的複雜度與多樣性，或忽略個體之差異特質，以免導致對於人類行為的錯誤理解，甚至剝奪個人多面向學習與選擇的可能性。

延伸閱讀與教學資源

- 《我和我的冠軍女兒》：關於工作的意義，也關於父母對子女的心聲
  https://hk.thenewslens.com/article/65259
- 獨立特派員 181 集{萬年青的眼淚}（葉永誌）[11:22]
  https://www.youtube.com/watch?v=zz6SPSEaPTU
- 玫瑰少年：教育部製作 [39:45]
  https://reurl.cc/bnxGr
- 真善美教學資源分享網──主題教案：
  http://www.goodlife-edu.com/
    1. 繪本：朱家故事、灰王子（K 至 2 年級適用）
       威廉的洋娃娃、真正的男子漢（K 至 4 年級適用）
       紙袋工住（3 至 6 年級適用）
    2. 套裝課程──性別與特質
       那些年，我可能不會愛你（40～45 分/節），5 至 9 年級適用
       那些年，記得當時年紀小（40～45 分/節），5 至 9 年級適用
    3. 梅莉達公主&沒力大王子（80～90 分/節），5 至 6 年級適用
    4. 轉個角度看世界（120 分/節），5 至 6 年級適用
    5. 「媒」有性別刻板印象（40～45 分/節），5 至 9 年級適用
    6. 性別議題哇哇挖（90 分/節），7 至 9 年級適用
    7. 自然美？人工靚？（135 分/節），7 至 9 年級適用
    8. 成長好自在（135 分/節），7 至 9 年級適用
- 國家教育研究院影片：
    1. 是誰規定的？──文化與性別議題 [14:21]，7 至 12 年級適用
       https://www.youtube.com/watch?v=I-Va8l9oYsE&feature=youtu.be
    2. 請你不要太過份！──從 KUSO 到校園霸凌 [15:24]，7 至 12 年級適用
       https://www.youtube.com/watch?v=qlkj5pIYuP8&feature=youtu.be
    3. 性平新聞──媒體中的性別意識 [14:44]，7 至 12 年級適用
       https://www.youtube.com/watch?v=DJ_wa05ho4Q&feature=youtu.be

4. 那一年我們一起追夢──性別與職業 [16:12]，7 至 12 年級適用
   https://www.youtube.com/watch?v=anpi1BRwcsc&feature=youtu.be

5. 出口成髒──語言中的性別意涵 [15:28]，7 至 12 年級適用
   https://www.youtube.com/watch?v=IIR9o87qXQo&feature=youtu.be

6. 遇見愛情──男生的情感表達 [15:31]，7 至 12 年級適用
   https://www.youtube.com/watch?v=cAc1onmeqUA&feature=youtu.be

7. 以前都是這樣啊！──性別與文化 [15:08]，7 至 12 年級適用
   https://www.youtube.com/watch?v=Hn-6-O-8HmA&feature=youtu.be

8. 愛情平衡木──交往中的性別框架 [17:17]，7 至 12 年級適用
   https://www.youtube.com/watch?v=lCJdli1Idrc&feature=youtu.be

9. 讓夢想起飛──職業類科的性別少數 [14:11]，7 至 12 年級適用
   https://www.youtube.com/watch?v=iRL4W_DkXOM&feature=youtu.be

參考文獻

中文部分

宋明順（2000）。**刻板印象**。國家教育研究院教育大辭書。
取自 https://reurl.cc/55rb6

科技部（2015）。**刻板印象**。科技部「促進科技領域之性別友善與知識創新」規劃推動計畫。取自 https://reurl.cc/2ZrlX

晏涵文、黃富源（2002）。**性別平等教育**。臺北市：一家親。

張春興（2007）。**張氏心理學辭典**。臺北市：東華。

黃希庭（2005）。**簡明心理學辭典**。臺北市：國家。

溫世頌（2006）。**心理學辭典**。臺北市：三民。

英文部分

Bem, S. L. (1981). Gender schema theory: A cognitive account of sex typing source. *Psychological Review, 88*, 354.

Berk, L. E. (2013). *Child development* (9th ed.). Boston, MA: Pearson.

Bloom, P. (2014). Can prejudice ever be a good thing? [Video file].
Retrieved from https://goo.gl/B4y676

Franzoi, S. L. (2006). *Social psychology* (4th ed.). Boston, MA: McGraw-Hill.

、教學原則

一、引導學生覺察社會中的性別刻板印象及其對自己的影響

二、教導學生學習保持彈性、接納多元的特質與性別角色

1. 性別特質方面：幫助學生了解每個人都擁有多元特質，特質不需要刻意被歸類為男性化或女性化。對於特質的介紹，建議以「人格特質」一詞代替「性別特質」，努力「去性別刻板印象」，讓學生體會到，任何人格特質都有可能在男生或女生的身上出現，每一個人都可以同時具備陽剛與陰柔特質，也可以同時具備「工具性特質」與「表達性（情感性）特質」。事實上，在不同的生活情境中，我們都需要適時地運用不同的特質面向，因此應當避免用性別刻板印象來要求或限制自己或別人的發展。

2. 性別角色方面：幫助學生了解家庭及社會是一個共同體，除了談分工之外，更要談合作。善用個人先天差異的優勢，也尊重個人的選擇，不要求他人依照社會期待做選擇。

3. 職業選擇方面：各行各業都有男有女。即使某些職業種類的單一性別從業者較多，但仍要看見少數的存在，並學習跟「與自己不同的人」相處，善待彼此，讓每個人都可以自在地做自己，有健康的自尊，不因性別而限制自我或他人的生涯發展與職業選擇。

三、鼓勵學生用正向的眼光看待，並接納自己與他人的各種人格特質、興趣及行為

例如：男生可以很溫柔、喜歡烹飪及打扮，女生可以很強壯、喜歡體育活動及機器人，每個人都可以剛柔並濟。在家庭或職場中，不論男女，每個人的角色應依據個人的特質而有最適當的分工，而扮演不同角色。職業的選擇，也應依據個人的特質與專長來發展，而不需受到傳統社會對性別角色刻板印象的限制！

參、真實案例

由於著作權的關係，部分案例無法全文轉載，請讀者自行上網閱讀全文後，再進行問題與討論。

案例 A

奧運金牌許淑淨受辱！男主播要她「把裙子穿回來」

https://goo.gl/xCRTS7

簡介：

在奧運一舉奪金的女子舉重好手許淑淨，成為臺灣之光，在某主播報導時，卻評論她的穿著與打扮，甚至說要她以後「慢慢把裙子穿回來、頭髮留長、開始化妝」，因此引起觀眾憤怒，認為主播充滿性別刻板印象、羞辱專業的國家代表運動員。主播解釋，是因為許淑淨的父母提供其小時候的裙裝照片，所以他才會在播報時脫口評論外表，並沒有歧視與污辱的意思。

（全文請參看網站文章）

問題與討論：（五至十二年級適用）

1. 你認為女性運動員的外表和她的成就是否相關？為什麼？
2. 如果你是許淑淨，對於主播的報導，你會如何回應？
3. 如果你是主播，你會如何報導？

案例 B

「女兒心男兒身」，溫柔漢湯尼陳的故事

作者：楊永智

https://goo.gl/W8opo8

從小因娘娘腔特質備受同儕調侃、捉弄的湯尼陳（本名陳志鵬），不但走出遮遮掩掩的日子，還勇敢站出來成立了溫柔漢（娘娘腔）關懷協會，為娘娘腔弱勢族群爭取社會應有的尊重與平等之生存空間。

湯尼陳從小家境清苦，身為長子的他經常幫忙做家事、帶小孩，雖然媽媽始終呵護著他，但爸爸曾罵他不男不女，親戚朋友也會在背後閒言閒語，讓媽媽倍感壓力。在學校，湯尼陳也是同學嘲弄的對象，甚至大學畢業後去當預官，也被訓練中心班長處罰在集合場中央大喊：「我不是男人」，喊到聲音沙啞為止。赴美留學後，他個人的「娘娘腔」特質終於被視為溫柔、體貼、善解人意而受到尊重，這使湯尼陳不但有了做人的尊嚴，也重拾自信，最後他拿到了芬特蘭大學的 TESOL 與雙語教育雙科碩士。

回國後的湯尼陳在臺中創辦了湯尼陳英日語補習班，又在廣播電台主持節目，他那溫柔的聲音使聽眾一度以為他是女性。為了關懷跟他一樣有娘娘腔特質的人，他勇敢的站出來組織溫柔漢關懷協會，幫助了不少溫柔漢。「一般人有一種迷思，以為娘娘腔是裝出來的」湯尼陳感慨的說。有的人則將溫柔漢與同性戀劃上等號，但這都是扭曲的觀念，事實上他有許多溫柔漢朋友都已經娶妻生子，過著正常人的生活。

湯尼陳表示，「溫柔漢要成功，比一般男人要更勇敢」。被貼上「娘娘腔」的標籤，似乎就代表了嘲笑、屈辱，因此溫柔漢大都不敢站出來。

在臺灣社會走進多元化的今天，溫柔漢希望尋求社會的認同，使躲在角落的溫柔漢也能大聲說出「我是溫柔漢」。

（更多故事與照片請參看網站文章，在此非常感謝楊永智先生的授權）

問題與討論：（五至十二年級適用）

1. 你對於「溫柔漢」有什麼看法？

2. 當湯尼陳受到嘲弄時，你覺得他有什麼感受？

3. 身邊有類似湯尼陳的朋友嗎？你會想對他説什麼？

案例C

1.李彥範找到「男」丁格爾的價值

https://goo.gl/e4jyV7

《大愛人物誌》花蓮慈院——李彥範副護理長的故事（影片）

https://goo.gl/w5q8MV

《愛悅讀》ER男丁格爾（影片）

https://goo.gl/Hr3MGo

簡介：

　　當初剛考上慈濟大學時，因為很少男生就讀護理，李彥範就被取笑是男護士。他曾經揚言未來絕不當護理師，且一心想要轉系。但後來當兵時擔任消防替代役，因此對急救工作產生興趣，退伍後在急診室工作，種種緊急狀況磨練出李彥範的專業能力，甚至開始思考如何改善工作細節，讓護理工作能更有效率、更發揮功效，就這樣在急診室待了九年。李彥範發現，對於一些躁動或酒醉的病患，為避免產生二度傷害而需要護理師壓制時，男生因力氣較大而相對有較大的優勢。在擁有巨大工作壓力的急診室，有時甚至連喝水、上廁所的時間都沒有，在忙到想離職的時候，李彥範就會想到他的心靈導師——南丁格爾的話：「這個世界不缺一流的醫生，但是欠缺一流的護士。」他說，覺得自己要向她看齊，當個一流的護士。

（全文請參看網站文章）

2. 技術優異，全國第一位女性拖船船長也讓男性船長折服

https://goo.gl/eapKe9

簡介：

　　畢業於海洋大學的晏韻慧嚮往及熱愛航海，學校畢業後，順利考取船舶駕駛執照，成為全國第一位女性拖船船長。經過四年的努力，如今已成為花蓮港拖船的翹楚，連男性船長都對她的開船技術「豎起大拇指」。

　　晏韻慧工作不讓鬚眉，更是空手道三段高手，就讀幼兒園時就跟隨父親學習空手道。父親是海專輪機科畢業，姑丈現任陽明海洋貨輪船長，影響她選擇海洋大學航海系。大學畢業後曾在長榮海運六萬噸級貨輪實習，擔任見習三副，曾橫渡太平洋、大西洋，足跡踏遍美、歐洲各國家。

（全文請參看網站文章）

問題與討論：（五至十二年級適用）

1. 除了上面兩個例子，你還想到哪些突破一般性別刻版印象的職業選擇呢？

2. 父母曾經對你將來要從事的工作有什麼建議或期許嗎？

3. 他們的期許是否蘊含某種性別期待或刻版印象？

4. 你自己的職涯規劃上是否有性別考量？如果擺脫性別框架，你會有什麼不同選擇嗎？

第四章
性傾向（性取向）
Sexual Orientation

對應課綱：性別平等教育核心素養

性 A1　尊重多元的生理性別、性別氣質、性傾向與性別認同，以促進性別的自我了解，發展不受性別限制之自我潛能。

性 C3　尊重多元文化，關注本土的性別平等事務與全球之性別議題發展趨勢。

融入科目／領域：
自然、綜合、社會、健體、數學

本章摘要

「性傾向」（或性取向）是一個多面向的概念，依據不同科學家強調的事實點而有不同的界定，包括：**性吸引力、性慾望、性幻想、性行為、性傾向認同、情感與社交偏好，以及生活模式等面向**。為避免將同性友伴關係與性傾向混淆，建議在定義性傾向時，採用較為嚴謹的定義：將同性戀定義為個人對同性具有持續的情感性、愛戀或性吸引，包含生理、精神及情感層面，對異性產生排斥的現象，不因情境而改變，且具有身為同性戀的生活模式及社群身分意識（異性戀及雙性戀定義亦依此類推）。

目前關於性傾向發展的影響因素，研究方向主要有三方面：(1)生理的（包括遺傳、激素異常及大腦結構）；(2)心理的；(3)環境的。但目前為止，沒有人能提出完整且絕對的解答，也無法證實性傾向是天生的。一般認為，性傾向的形成可能受到先天及後天因素的影響。

兒童期的性別區隔是常態，兒童在轉入青少年的過程中，其社會化發展都會經歷一段「喜歡和自己相似者／同性別者」的階段，可能也因此在青少年階段認為自己是同性戀或雙性戀的比例，遠比成人期認為自己是同性戀的比例高。青少年性傾向的確認與認同需經歷一段探索歷程，有可能隨時間過去，一個人因更認識自己而改變。青少年在自我認同階段仍處於不穩定狀態，若過早要求認定，則很可能會使得青少年錯估，甚至可能有自驗預言的現象，因此建議不要在青少年階段即對其性傾向下定論，應容許其有自然發展的空間。

性傾向是有可能轉變的，但我們不應該強制他人改變其性傾向，若個案本身因性傾向感到痛苦而求助時，也不應剝奪其求助的權利，建議要提供健全的管道予以協助和陪伴，但不宜以強制的作法為之。

在教學上，應教導學生區分喜歡、欣賞、愛戀等不同的情感層次，區分親情、友情與愛情的差別。面對可能為同性戀的學生，應表達對他的接納，並鼓勵他更加釐清自己對同性的感受，不要太快下定論。教師應避免負向標籤任何學生，不刻意傳遞「同性戀恐懼」的概念，並以正向示範取代負面案例教學、多鼓勵與支持正向行為的方式來引導學生，教導「尊重及友善的態度」，使學生養成使用正向語言對待彼此的習慣。

壹、定義、理論與研究發現

一、性傾向的定義

「性傾向」（或性取向）是一個多面向的概念，包括：**性吸引力、性慾望、性幻想、性行為、性傾向認同、情感與社交偏好，以及生活模式等面向。**不同科學家強調的事實點會有不同，因此對「性傾向」的定義會完全不同。1869 年，Benkert 首次提出「同性戀」（homosexuality）一詞，並將之定義為：「對異性人士不能做出性反應，卻被自己同性別的人所吸引」（Bullough, 1976）。1973 年，美國心理學會（APA）及美國精神醫學會因應當時的輿情，將同性戀行為從疾病分類系統中去除（註 1、註 2），並對同性戀的定義更正為：「**指一個人無論在性愛、心理、情感或社交興趣上，主要對象『均為』同性別的人。**」2008 年，美國心理學會（APA）將性傾向重新定義為：「指一個人對男性、女性或兩性產生之**持續的**情感（emotional）、愛戀（romantic）或性吸引（sexual attractions）的模式。性傾向也指一種身分意識，一種基於這些吸引力、相關行為，以及身為這些相關社群一員而形成的身分意識」（APA, 2008）。一般會將性傾向分為同性戀、異性戀、雙性戀三大類。

由上述定義可知，性傾向包含性吸引／愛戀（sexual/romantic attraction）、性行為、性認同（sexual identity）三個面向，不能單用「性行為」作為判斷標準，當然也不能單純用「性吸引力」或「情慾對象的性別」作為判斷，例如：有些人會被同性吸引或被誘發性的慾望，但未曾與同性發生性行為，也不具有同性戀的自我認同；有些人可能曾跟同性發生性行為，但對同性並無持續的情感或性的慾望，這樣的狀態嚴格說來都不能算是同性戀（註 3）。同理，從未發生過性行為的人，也不一定是無性戀。

綜合以上對性傾向的定義，對於尚處於情感認同不穩定的青少年，為了避免使其誤將友伴關係的「喜歡」與「欣賞」當作「性吸引力／愛戀」，或因一時的同性性遊戲導致同性性傾向被錯估，建議將性傾向做較嚴謹的定義：將同性戀定義為個人對同性具有持續的情感性、愛戀或性吸引，包

含生理、精神及情感層面,對異性產生排斥的現象,不因情境而改變,且具有身為同性戀的生活模式及社群身分意識(異性戀及雙性戀定義亦依此類推)。

二、性傾向的測量

第一個提出性傾向測量「工具」的應為 Kinsey,他將性傾向分為 0〜6 七個等級,其測量主要以「性行為」作為標準。然而,由於 Kinsey 及其研究方法極具爭議(例如:研究對象多為性犯罪者,見註 3),因此不建議引用他的理論。其後另有學者發展其他測量方法,例如:精神科醫生 Frtz Klein 發展了「克萊恩性傾向量表」(Klein Sexual Orientation Grid, KSOG)(Klein, Sepekoff, & Wolf, 1985),他認為性傾向除了性行為之外,還應包含性慾因素及非性慾因素:性吸引力與幻想(sexual attraction and fantasy)、社交與情感偏好(social and emotional preferences)、生活方式(lifestyle)、自我認同(self-identification)(如表 4-1 所示)。

性傾向的認定乃以雙方之「生理性別」為判定標準,有些個案是因為性別認同異於生理性別(性別不一致),導致其對生理性別相同者產生性吸引,此則是另一種類型。

表 4-1 「克萊恩性傾向量表」之測量變項

A.性吸引力:你受到哪種性別人群的性吸引。
B.性行為:你與哪種性別的人發生性行為。
C.性幻想:性幻想時對象的性別,這可能會在不同時間發生變化。
D.情感偏好:你喜歡與什麼性別的人發展感情。
E.社交偏好:一個人有多喜歡和同性交際來往,又有多喜歡和異性交際來往。
F.異性戀↔同性戀生活方式:你生活圈子裡的異性戀多到什麼程度?你有雙性戀或同性戀的朋友嗎?你會去同志酒吧或夜店嗎?
G.自我認同:你如何認定自己的性傾向。

資料來源:Klein 等人(1985)

三、同性戀的人口比例

　　至於同性戀人口的比例，各個研究在統計數據上有極大的差距，此乃由於研究者對於同性戀的定義不同，其根據的項目可能是性／愛戀上的吸引力或亢奮，或者性行為、性傾向認同等（Savin-Williams, 2006）。根據2012年中央研究院所進行的「臺灣社會變遷基本調查」，以在臺灣設有戶籍的18歲以上人口為母體，總樣本數2,134人，結果認為自己的性傾向是同性戀者占0.2%、雙性戀者占1.7%、異性戀者占94.0%（章英華、杜素豪、廖培珊主編，2012）。《臺灣青少年成長歷程研究》是另一份同樣出自中央研究院社會學研究所的研究報告，這份研究在研究法上稍做調整，乃請受訪者自行填答問卷後彌封繳回，保障了受訪者的隱私。楊文山、李怡芳（2016）即運用這份研究報告的數據，精確且全面性地從慾望、行為與認同三個面向測量與估計同性戀者與非異性戀者的百分比。分析結果顯示，在臺灣北部24至29歲年輕人中，約有2.85%的男同性戀者與5.21%的女同性戀者，女性同性戀傾向的人口百分比較男性多，此調查結果與西方研究結果相似。

四、性傾向的形成

　　目前關於性傾向形成的研究有三個方向：生理的（包括遺傳、激素異常及大腦結構）、心理的，以及環境的。但目前為止，沒有人能提出完整且絕對的解答。

（一）生理的因素

　　科學家曾從生理角度，希望能找到「同性戀是天生不可改變」的證據，**可惜無論是關於基因（遺傳）、大腦結構或激素的研究，到目前為止都無法證實同性戀是天生的。**

1. 基因（遺傳）研究

　　從遺傳角度探討同性戀成因的研究，主要有兩大方面：同卵雙胞胎研究及基因研究。同卵雙胞胎的研究是眾多生物學研究中，最有可能證明同性性傾向是否是基因造成的生物研究，因為同卵雙胞胎的基因一樣、母體

也一樣，甚至成長的家庭環境也相同。因此，如果兄弟姐妹當中有一位是同性性傾向的人，若同性性傾向是基因造成的，那另一個人也是同性性傾向的機率應該是百分之一百。然而，大樣本的同卵雙胞胎之研究結果發現，同卵雙胞胎皆為同性戀者的機率只有20%（男）及24%（女）（Baily, Dunne, & Martin, 2000），後續研究的數據也僅有 11%～14%（Whitehead & Whitehead, 2018）。由此可見，從同卵雙胞胎的研究並無法證實同性戀是基因遺傳所造成的。

另一個探究性傾向之遺傳因素的路徑是基因研究。Dean Hamer 等研究團隊曾嘗試尋找同性戀基因，雖然發現某些染色體上顯現的一些標記可能是與同性性傾向有關聯（Hamer, Hu, Magnuson, Hu, & Pattatucci, 1993; Mustanski, DuPree, Nievergelt, Bocklandt, Schork, & Hamer, 2005; Sanders, et al., 2014），但由於這些數據都不是百分之百，因此可以說至今仍無法證實同性戀基因的存在。約翰霍普金斯的兩位教授 Mayer 與 McHugh（2016）回顧過去科學論文對於同性戀基因的探討，在《新大西洋期刊》（*The New Atlantis*）2016 年秋季號發表科學評論〈Sexuality and Gender: Findings from the Biological, Psychological, and Social Science〉，該文明白表示，沒有科學證據支持「性傾向天生說」。

2. 大腦結構研究

從 20 世紀開始，有研究者針對大腦結構來探究同性戀者與異性戀者是否有差異。1991 年，Simon LeVay（LeVay, 1991）解剖了 41 具屍體的大腦，發現男同性戀者與男異性戀者在神經元下視丘第三神經元叢的體積有差異（如圖 4-1 所示），許多男異性戀者的體積是男同性戀者的兩倍，而男同性戀者則與女異性戀者相同。因此他推論，男同志為什麼喜歡男生呢？可能是因為男同志與女人有相類似的大腦結構。但若仔細閱讀，從論文的原始資料可以觀察到，統計中有兩小群的數據是例外的。因此，LeVay 自己最後也清楚地在論文中提到，該研究並無法確定到底男同志與男異性戀者腦結構的大小差異是性傾向之「誘因」，還是「結果」。後續研究也有發現同性戀者和另一性別的異性戀者間的腦部結構及功能有顯著的相似性。

不過，由於大腦具有可塑性，因此這些差異也可能是同性戀的「結果」，而不是「原因」。所以，大腦研究也無法證實「同性戀天生說」。

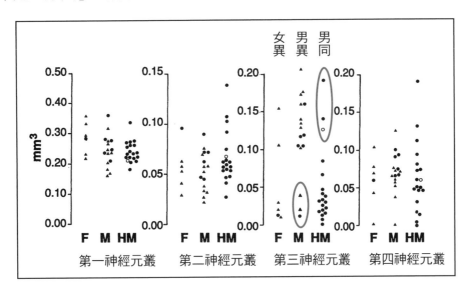

圖 4-1　許多男同性戀者與男異性戀者在神經元下視丘第三神經元叢的體積有差異，但仍有少數例外（紅圈標示處）

資料來源：LeVay（1991, p. 1036）

3.激素研究

　　另有學者從激素來探究同性戀性傾向是否與胎兒暴露在「錯誤」的激素有關，例如：腎上腺增生症（CAH）的兒童，因為基因的缺損導致從胎兒時期便製造過多的男性激素，這樣的狀況對男性沒有影響，但對女性胚胎而言，卻會發展成出生便有類似陰莖的大陰蒂和類似陰囊的融合陰唇。雄性激素化的女性（androgenized female）即使外在器官動過手術且被當作女孩撫養，卻仍有37%的女性表示自己是同性戀或雙性戀（張慧芝等人譯，2011）。但這種影響也不是百分之百，因此激素異常的研究也不足以證實「同性戀天生說」。

（二）心理及社會（環境）因素

　　心理分析學派的學者將同性戀歸因於兒童期的壓力，特別是母親過於強勢、而父親又過於柔弱，會使得男孩缺乏對男性形象的適當認同。Bieber 等人（1962）指出，男同性戀者通常與母親有緊密連結的親密關係，母親強烈掌控與嚴格限制，而與父親的關係顯得疏離、敵視，或者遭父親排斥等。至於女同性戀者，有學者指出，可能的成因包括早期與父母關係的經驗、家庭對性的壓抑態度、不完整的家庭所導致的扭曲人際關係、性態度被壓抑或忽略、與異性缺乏良好的社會互動經驗、過度暴露於同性情慾刺激等（Female Homosexuality, 1969）。不過，心理分析論的觀點後來也受到美國精神醫學會（APA）的駁斥。

　　至於其他的環境因素，有研究指出，早期性別不一致（gender nonconformity）、性別角色認同發展障礙、遭受性侵害、同儕與家庭動力問題、性經驗等因素，以及個人面對這些生活事件的反應等，也都與同性戀的發展有關（Whitehead & Whitehead, 2018）。錢玉芬（2011）所做的質性研究也發現，同性戀受訪者皆覺察到自己同性戀傾向的形成與童年的成長經驗有關。

　　圖 4-2 是訪問同性性傾向的族群，請他們陳述造成同性性傾向原因的統計。從圖表可以得知，其原因是多樣的。有 90% 左右的男女認為是基因造成的；有 55% 至 60% 左右的男女認為是因家庭失能影響；有 50% 至 60% 左右的男女認為是被父母之間的關係所影響；約 60% 至 65% 的人認為是自己與父母間的關係影響了他們的性傾向。另外，約 70% 至 90% 的人認為是與同性擁有正向的性經驗影響他們的同性性傾向，約 40% 至 80% 的人認為是與異性擁有負向的性經驗影響他們的同性性傾向。

　　由上述的訪問可知，就同性性傾向族群而言，造成自我性傾向的成因可以說是多樣的，沒有單一的原因。

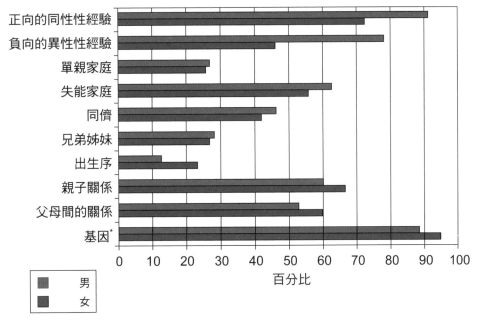

圖 4-2　同性性傾向的族群所陳述造成同性性傾向的原因

*註：此表為自我陳述的答案，換句話說，此處的「基因」為回應者自己主觀認定的
　　　回答，而非根據任何科學研究資料。根據本章前面 p.77-78 所回顧的科學研究，
　　　並無法證實同性戀是「基因」遺傳的。

資料來源：蔣錫、申知銘譯（2016，頁 210）

五、同性友伴關係與性傾向發展的區分

　　有許多同儕互動的研究顯示，兒童時期的性別區隔（gender segrega-tion）是常態（Maccoby & Jacklin, 1987），在許多文化都觀察得到性別區隔的現象（Leaper, 1994; Whiting & Edwards, 1988a, 1988b）。從 2、3 歲起，兒童就比較喜歡與同性玩伴玩（Berk, 2013; La Freniere, Strayer, & Gauthier, 1984）。隨著年齡的增長，這種現象愈來愈明顯，4、5 歲的孩子已經會主動拒絕異性的玩伴，6 歲半的兒童跟同性玩伴玩的時間比異性玩伴多出數十倍以上（Maccoby, 1998）。小學和青春期前的兒童一般比較不喜歡跨越性別的來往，還可能對異性同儕出現負面的態度（Underwood, Schockner, & Hurley, 2001）。

　　從兒童進入青少年時期的社會化發展過程中，都會經歷一段「喜歡和自己相似者」的階段，而其中一個最明顯的相似性，就是「性別」。Shara-bany、Gershoni 與 Hofman（1981）研究五年級至十一年級男女自評與同性或異性朋友的親密度，結果發現在十一年級以前，孩子是與同性朋友較為

親密，與異性朋友的親密度一開始遠低於同性朋友，隨著年齡才逐漸升高。約自十一年級開始，女孩與異性朋友的親密度才超越與同性朋友的親密度（如圖 4-3 所示）。

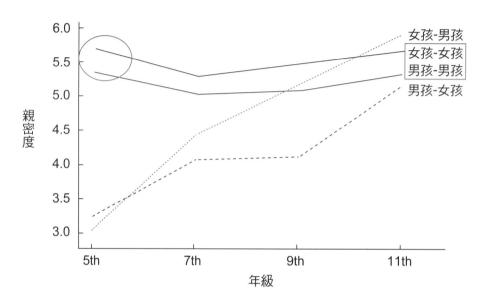

圖 4-3　5 至 11 年級男女自評與同性或異性朋友的親密度

資料來源：Sharabany 等人（1981, p. 804）

　　兒童或青少年時期的同性親密友誼關係，與青春期的愛戀或性吸引關係兩者是不同的，應區分清楚。如前所述，性傾向的定義除了性行為之外，還包含性吸引力與幻想、社交與情感偏好、生活方式、自我認同等面向。同性的「愛戀」與一般兒童時期的「喜歡」是不同的情感。儘管有些同性戀者宣稱其從小就有發現自己「喜歡」同性的「傾向」，然而這樣的「喜歡」情感與青春期之後所發展的「性吸引、愛戀或情慾」是不同的。小時候喜歡同性友伴是自然的，但並不表示長大後就一定會成為同性戀者。

　　在青少年的性心理發展中，本有一段時期是自然傾向的同性間嬉戲，造成似有同性戀行為的假象。另外，在男校、女校、軍隊、監獄中皆可能出現「情境型同性戀」，但這些都不是真的同性戀（蔡佳妏，2012）。

　　根據艾瑞克森（Erik Erikson）的理論，青春期（12～18 歲）正值自我

認同的探索時期，Cass（1979）亦將同性戀的認同歷程分為六個階段：認同混淆（Identity Confusion）、認同比較（Identity Comparison）、認同容忍（Identity Tolerance）、認同接納（Identity Acceptance）、認同驕傲（Identity Pride）、認同整合（Identity Synthesis）。每個人的發展歷程不完全一樣，各階段在過程中的情況也可能來來回回，需要一段時間才能確認。

有研究顯示，12 歲的青少年有 26%並不清楚自己的性傾向（Remafedi, Resmick, Blum, & Harris, 1992）。另一個研究顯示，成人男性僅有 2.1%、成人女性僅有 1.5%為同性戀者（Gilman, Cochran, Mays, Hughes, Ostrow, & Kessler, 2001）。可見青少年的性傾向認同需經歷一段探索歷程，到成人時期才能較為確定；即便是成年人，其性傾向也還有可能會改變（請見下一段的介紹）（Diamond & Rosky, 2016）。

因此，建議教師不宜過早對學生的性傾向妄下定論或貼標籤，只要以開放的態度接納同理，容許其性傾向有自然發展的空間。更重要的是，教師應營造一個尊重差異的友善文化，提供學生各種機會或活動，讓學生可以更多面性的了解自己，並幫助學生建立健康的自我概念與自尊，分辨喜歡、欣賞與愛戀等不同的情感層次。針對對自己性傾向有疑惑的同學，家長或教師可以耐心陪伴其一起面對成長過程中的混淆摸索，協助其慢慢確定自我認同。若性傾向認同已較為明確時，則需要協助青少年度過祕密被揭開的擔憂與適應難關，協助其化解家庭中連帶引發的危機感或緊張衝突（蔡佳奴，2012）。

六、性傾向轉變的可能性

性傾向是否可能轉變？根據性傾向研究專家 Diamond 與 Rosky（2016）回顧眾多追蹤長達十年以上且樣本數多達萬人以上的研究，發現性傾向是可能會轉變的。以 Savin-Williams、Joyner 與 Rieger 於 2012 年發表的研究報告為例（如表 4-2 所示），在第一次調查中，5.7%的男性及 13.7%的女性被同性吸引。經過六年的追蹤調查，原 5.7%被同性吸引的男性中，有 43%轉變被異性或雙性吸引；原 13.7%被同性吸引的女性中，有 50%轉變被異

表 4-2　長期追蹤調查中性吸引改變的比例

	第一次調查	第二次調查		
	被同性吸引百分比	數年後再調查 原被同性吸引發生改變百分比（被異性或雙性吸引）	數年後再調查 原被同性吸引發生改變百分比 其中被異性吸引百分比	數年後再調查 原被異性吸引改變為被同性吸引百分比 被同性吸引百分比
Add Health (Savin-Williams et al., 2012) N=12,000, 18-24 歲至 24-34 歲的改變	5.7 ♂ 13.7 ♀	43 ♂ 50 ♀	66 ♂ 66 ♀	8 ♂ 11 ♀
GUTS (OTT et al., 2011) N=14,000, 18-21 歲至 23 歲的改變	7.5 ♂ 8.7 ♀	43 ♂ 46 ♀	57 ♂ 62 ♀	4 ♂ 6 ♀
NSMD (Mock & Eibach, 2012) N=5,000, 受訪者年齡為 25-74 歲，經過 10 年追蹤	1 ♂ 1 ♀	26 ♂ 64 ♀	50 ♂ 55 ♀	1 ♂ 1 ♀
DMHD (Dickson et al., 2013) N=1,000				
21 至 26 歲的改變	4.4 ♂ 9.3 ♀	45 ♂ 60 ♀	67 ♂ 83 ♀	2 ♂ 12 ♀
26 至 32 歲的改變	5.6 ♂ 17.2 ♀	38 ♂ 58 ♀	100 ♂ 91 ♀	1 ♂ 8 ♀
32 至 38 歲的改變	5.2 ♂ 14.7 ♀	26 ♂ 55 ♀	67 ♂ 83 ♀	2 ♂ 4 ♀

資料來源：Diamond 與 Rosky（2016, p. 369）

性或雙性吸引。更進一步的分析這些轉變的男女當中，不分男女都有 66%
的人轉變成被異性吸引（呈現於第三欄的數據）。而第四欄的數據則顯示
有 8%的男性及 11%的女性從異性戀者轉變成同性戀者。根據這些長期且大
樣本數的追蹤調查，Diamond 與 Rosky 歸納出一個結論：**性傾向是可以轉
變的**。而且即使不經過任何協助，性傾向也可能會「自然」轉變（香港性
文化學會，2017；國家地理雜誌編輯部，2017）。

七、「迴轉治療」的爭議

　　雖然研究指出，性傾向是可以改變的，但對於「迴轉治療」卻有極大
爭議。有些人認為，既然性傾向不是病，就不需要「治療」，不應強制改
變一個人的性傾向，而且這些所謂的「治療」可能會帶來傷害和不利之影
響（Haldeman, 1994; World Psychiatric Association [WPS], 2016）。衛生福利
部於 2018 年發文公告，正式將扭轉（迴轉）治療列入不得執行的醫療行為
（衛生福利部，2018）：

> 「基於性傾向並非疾病，醫學、精神醫學及心理學上均無所稱之
> 『性傾向扭轉（迴轉）治療』，爰該行為不應視為治療，也不應
> 歸屬為醫療行為。如有任何機構或人員執行『性傾向扭轉（迴轉）
> 治療』，應依據實質內容、事實，認定是否違反兒童及少年福利
> 與權益保障法或刑法第 304 條『以強暴、脅迫使人行無義務之事
> 或妨害人行使權利』強制罪等相關法規處辦。」

　　然而，有一些自稱為「後同」的群體站了出來，呼籲國家不該強力禁
止同志自願尋求改變的權利與機會。他們認為，當個案因自己的性傾向而
感到痛苦需要求助時，應尊重當事人的意願，並提供健全的管道予以協助
和陪伴（註4）。

　　以轉變性傾向為目的之「迴轉治療」已經是衛生福利部明文禁止的醫
療行為，但針對同性戀者是否會因一些外在協助而「被」改變，且這些改

變到底是性傾向上的改變、還是生活型態的改變等，民間團體仍存在各種說法（註5）。

　　針對介入性轉變，已經有一些研究，但目前仍有爭議，例如：Spitz（2001）研究了 200 個（143 男性、57 女性）曾經接受治療的同性戀者，研究結果發現 17%男性和 54%女性自稱已變成完全異性戀（Spitz, 2003）。但此研究隨即遭到批判，後來 Spitz 承認，該研究的主要缺失在於「沒有辦法確定受訪者所說的改變是否是真的有效」（Carey, 2012）。Stanton 與 Yarhouse（2011）針對 72 位男同性戀者及 26 位女同性戀者進行了 6～7 年的縱貫性研究（longitudinal study），研究發現性傾向的轉變是有可能的。錢玉芬（2011）針對 6 位基督徒前同性戀者的訪談研究發現，同性戀受童年經驗的影響，有些同性戀者在接觸信仰的過程中，可能自行產生轉變的動機。但研究者也指出，同性戀的發生與改變歷程是複雜與細膩的，而且改變需要經歷一段很長的時間，且須當事人自願才有可能，也有一些人是無功而返的。

　　國內外已有一些同性戀者「改變」的真實案例（註6），不過也有些個案只是因為宗教信仰而選擇停止同性戀行為或生活方式，其性傾向並沒有改變（例如：袁幼軒、蔣朗今，2014）。美國臨床心理師 Joseph Nicolosi 提出「重新整合治療」（Reintegrative therapy），宣稱其目的不在於改變性傾向，但有些案主會在治療過程中發生性傾向上的轉變（Santero, Whitehead, & Ballesteros, 2018; The Reintegrative Therapy Association, 2018）。然而，目前這方面的相關研究非常有限，而且因研究對象皆為基督徒，因此尚有爭議。

　　面對種種爭議，美國心理學會（APA）的立場與建議如下：

「若當事人對自己受同性吸引而感到困惑時，治療師可以提供一些幫助，包括：協助當事人積極應對針對同性戀的社會偏見、協助他／她解決內心衝突及由此而引發的問題，以及協助他／她讓自己生活得更快樂及滿足。各個精神健康專業組織均號召其成員

尊重個人（當事人）自決的權利，在與當事人處理問題時，要小心留意一些敏感的因素，例如：當事人的種族、文化、民族、年齡、性別、性別認同、性傾向、宗教信仰、社會經濟地位、語言及殘疾狀況，並消除基於這些因素的偏見。」（APA, 2008, p. 2）

延伸閱讀與教學資源

- 蔣錫、申知銘（譯）（2016）。**基因使然！同性戀與科學證據**（原作者：N. E. Whitehead & B. K. Whitehead）。臺東縣：姚金維。

- 同性戀是天生的？腦子小愛男人？
  https://goo.gl/JGGe2s

- 同性戀是天生的？雙胞胎研究
  https://goo.gl/KGvrpD

- 美國心理學會（APA）（2008）解答你的問題：深入理解性傾向和同性戀。
  https://www.apa.org/topics/lgbt/chinese-orientation.pdf

- 美國心理學會（APA）對於同性戀適當治療的聲明：American Psychological Association [APA] (2009). *Report of the American Psychological Association task force on appropriate therapeutic responses to sexual orientation.* Retrieved from http://www.apa.org/pi/lgbt/resources/therapeutic-response.pdf

- NARTH 回應 APA 對於同性戀的聲明：Phelan, J. E., Whitehead, N., & Sutton, P. M. (2009). *What research shows: NARTH's response to the APA claims on homosexuality.* Retrieved from https://goo.gl/7Bezif

- 放手台灣之光吳季剛，背後推手陳美雲
  https://www.scooptw.com/popular/planning/15189/

- Tim Cook Speaks Up
  https://reurl.cc/RrnW9

- 《曾經是同志》（I Am Michael）
  https://www.youtube.com/watch?v=BSfK6hhJAOE

- 從同志到後同志的生命歷程（韓森 Hansen，前同志運動者）
  https://wakeup-edu.blogspot.com/2013/05/hansen.html

- 真善美教學資源分享網——套裝課程：
  http://www.goodlife-edu.com/
  1. 尊重性取向：小嵐的秘密（45 分/節），7 至 9 年級適用

2. 尊重性取向：人口比例大考驗（45 分/節），7 至 9 年級適用

  建議 1、2 連續上完

3. 尊重性取向：小嵐的苦惱（45 分/節），7 至 9 年級適用

4. 尊重性取向：新聞報一報（45 分/節），7 至 9 年級適用

  建議 3、4 連續上完

註解：

註 1：1970 年代起，陸續出現一些反對將同性戀視作精神疾病的呼聲。一些美國精神醫學會（APA）的討論會開始出現零星的抗議人士。1969 年的石牆暴動（美國史上首次的同性戀者社會運動）後，同性戀權利運動風起雲湧。1970 年 5 月 APA 舉辦大會的會場被抗議人群包圍，阻止會員入場。1974 年的 APA 大會則以 58%過半數通過修改同性戀診斷為「性傾向障礙」（sexual orientation disturbance）（孔繁鐘，2014）。

註 2：美國心理學會（APA）針對同性戀進行過科學研究嗎？聽聽他們的前主席怎麼說？（https://reurl.cc/ZrYjQ）

註 3：在〈1998 金賽騙局大作戰：專訪 Judith Reisman 博士〉（2016）一文中提到，1948 年 Kinsey 出版了《人類男性性行為》報告，這本書撼動了美國的道德基礎，也掀起了 1960 年代性革命的浪潮。然而，Kinsey 所提的性傾向理論卻具有很大的爭議性。主要是 Kinsey 與其研究支持者，僅以生理上的「性行為」為性傾向的認定標準，無關情感、脫離現實情境，將性完全去道德化，完全不考慮性的意義與後果。此外，Kinsey 博士本身有特殊的性喜好，在其工作室中，會拍攝他與妻子或工作人員之間的性交記錄、支持成人與兒童性接觸（Grossman, 2009），若是在今日，Kinsey 的研究顯然不符合研究倫理，是無法通過倫理委員會審查的。由於 Kinsey 理論的爭議性太大，因此不建議引用 Kinsey 的研究。

註 4：相關報導：

- 衛福部擬禁性傾向治療　恐違反自願求助者人權

  https://www.ct.org.tw/1301396#ixzz4aeZEcs4k.

- 後同：同性戀者自願改變是人權　不可被剝奪

  https://www.ct.org.tw/1301823

註 5：國際走出埃及主席（Exodus International）Alan Chambers 於 2013 年公開道歉，且承認自己的性傾向沒有由同性吸引轉變為完全異性吸引，同時宣布關閉國際走出埃及協會。然而，臺灣及香港的一些「後同志」團體或個人也針對此事件紛紛發表聲明，宣稱透過信仰介入的歷程，「生命的改變」是有可能的（招雋寧，2013）。

註 6：同性戀者改變的案例：

- Joseph Nicolosi: Celebrities who have left a gay lifestyle

  https://reurl.cc/EpOZA

- 同志運動領袖轉離同性傾向　今結婚、成為教會牧師　好萊塢一線明星翻拍成電影！

  https://reurl.cc/k7Gq9

- 從同志到後同志的生命歷程（韓森 Hansen，前同志運動者）

  https://wakeup-edu.blogspot.com/2013/05/hansen.html

- 第一屆國際跨虹節：故事分享

  https://www.daretochange.us/stories

參考文獻

中文部分

1998 金賽騙局大作戰：專訪 Judith Reisman 博士（2016 年 7 月 10 日）。**新生命 Newlife 部落格**。取自 https://reurl.cc/A7kpd

孔繁鐘（2014 年 1 月 7 日）。**溫故知新，請看排除同性戀於精神疾患之外的歷史文件**。取自 https://reurl.cc/KbAqe

招雋寧（2013）。**國際走出埃及（Exodus International）主席 Alan Chambers 言論事件整理**。取自 https://reurl.cc/d57Rq

香港性文化學會（2017）。**BBC 跨性別兒童紀錄片掀爭議**。
　　取自 https://reurl.cc/3oaRR

袁幼軒、蔣朗今（2014）。**不再是我：同性戀兒子與心碎母親的歸家之路**。
　　臺北市：校園書房。

國家地理雜誌編輯部（2017）。性別革命【專刊】。**國家地理雜誌中文版，1 月號（182）**。

張慧芝等人（譯）（2011）。**人類發展：兒童心理學**（原作者：D. E. Papalia）。臺北市：桂冠。

章英華、杜素豪、廖培珊（主編）（2012）。**臺灣社會變遷基本調查計畫：第六期第三次調查計畫執行報告**。
　　取自 http://www.ios.sinica.edu.tw/sc/cht/datafile/tscs12.pdf

楊文山、李怡芳（2016）。步入成人初期之臺灣年輕人性傾向之研究。**調查研究：方法與應用，35**，47-79。

蔣錫、申知銘（譯）（2016）。**基因使然！同性戀與科學證據**（原作者：N. E. Whitehead & B. K. Whitehead）。臺東縣：姚金維。

蔡佳妏（2012）。青少年性別認同障礙之認識與處理。**亞東院訊，152**。
　　取自 https://www.femh.org.tw/epaperadmin/viewarticle.aspx?ID=4692

錢玉芬（2011）。從同性戀到前同性戀：基督徒前同性戀者生命改變歷程

的解釋現象學分析。**生命教育研究**，**3**（1），111-154。

衛生福利部（2018）。**民間機構投訴「性傾向扭轉（迴轉）治療」**。（衛生福利部 107.02.22.衛部醫字第 1071660970 號）

英文部分

American Psychological Association [APA] (2008). *Answers to your questions for a better understanding of sexual orientation and homosexuality.*（中文版）.
Retrieved form https://www.apa.org/topics/lgbt/chinese-orientation.pdf

American Psychological Association [APA] (2009). *Report of the APA task force on appropriate therapeutic responses to sexual orientation.* Washington, DC: Author.

Bailey, J. M., Dunne, M. P., & Martin, N. G. (2000). Genetic and environmental influences on sexual orientation and its correlates in an Australian twin sample. *Journal of Personality and Social Psychology, 78*(3), 524-536.

Benenson, J. F., Apostoleris, N. H., & Parnass, J. (1997). Age and sex differences in dyadic and group interaction. *Developmental Psychology, 33*, 538-543.

Berk, L. E. (2013). *Child development* (9th ed.). Boston, MA: Pearson.

Bieber, I. et al. (1962). *Homosexuality: A psychoanalytic study of male homosexuals.* New York, NY: Basic Books. Retrieved from https://reurl.cc/02Ydl

Bullough, V. L. (1976). *Sexual variance in society and history.* New York, NY: John Wiley & Sons.

Carey, B. (2012). Psychiatry giant sorry for backing gay "Cure". *The New York Times.* Retrieved from https://reurl.cc/EpOVR

Cass, V. (1979). Homosexual identity formation: A theoretical model. *Journal of Homosexuality, 4*, 219-235.

Diamond, L. M., & Rosky, C. J. (2016). Scrutinizing immutability-research on sexual orientation and U.S. legal advocacy for sexual minorities. *The Journal of Sex Research, 53*(4-5), 363-391.

Female Homosexuality (1969). *The British Medical Journal, 1*(5640), 330-331. Retrieved from http://www.jstor.org/stable/20395812

Gilman, S. E., Cochran, S. D., Mays, V. M., Hughes, M., Ostrow, D., & Kessler, R. C. (2001). Risk of psychiatric disorders among individuals reporting same-sex sexual partners in the National Comorbidity Survey. *American Journal of Public Health, 91*(6), 933-939.

Grossman, M. (2009). *You're teaching my child what: A physician exposes the lies of sex Ed and how they harm your child.* Washington, DC: Regnery.

Haldeman, D. C. (1994). The practice and ethics of sexual orientation conversion therapy. *Journal of Consulting and Clinical Psychology, 62*(2), 221-227.

Hamer, D. H., Hu, S., Magnuson, V. L., Hu, N., & Pattatucci, A. M. (1993). A linkage between DNA markers on the X chromosome and male sexual orientation. *Science, 261*(July), 321-327.

Klein, F., Sepekoff, B., & Wolf, T. J. (1985). Sexual orientation: A multi-variable dynamic process. *Journal of Homosexuality, 11*(1-2), 35-49.

La Freniere, P., Strayer, F. F., & Gauthier, R. (1984). The emergence of same-sex affiliative preferences among preschool peers: A developmental/ethological perspective. *Child Development, 55*(5), 1958-1965.

Leaper, C. (1994). Exploring the correlates and consequences of gender segregation: Social relationships in childhood, adolescence, and adulthood. In C. Leaper (Ed.), *New directions for child development* (No. 65) (pp. 67-86). San Francisco, CA: Jossey-Bass.

LeVay, S. (1991). A difference in hypothalamic structure between heterosexual and homosexual men. *Science, 253*(5023), 1034-1037.

性別平等教育 教學資源手冊

Maccoby, E. E. (1998). *The two sexes: Growing up apart, coming together*. Cambridge, MA: Harvard University Press.

Maccoby, E. E., & Jacklin, C. N. (1987). Gender segregation in childhood. In H. Reese (Ed.), *Advances in child behavior and development* (pp. 239-287). New York, NY: Academic Press.

Mayer, L. S., & McHugh, P. R. (2016). Sexuality and gender: Findings from the biological, psychological, and social sciences. *The New Atlantis, 50*. Retrieved from https://reurl.cc/AKG9K

Mustanski, B. S., DuPree, M. G., Nievergelt, C. M., Bocklandt, S., Schork, N. J., & Hamer, D. H. (2005). A genomewide scan of male sexual orientation. *Human Genetics, 116*(4), 272-278. doi:10.1007/s00439-004-1241-4

Remafedi, G., Resmick, M., Blum, R., & Harris, L. (1992). Demography of sexual orientation in adolescents. *Pediatrics, 89*, 714-721.

Rosik, C. H., & Dean Byrd, A. (2013). Moving back to science and self-reflection in the debate over sexual orientation change efforts. *Social Work, 58*(1), 83-85.

Sanders, A. R., Martin, E. R., Beecham, G. W., Guo, S., Dawood, K., Rieger, G., ... Bailey, J. M. (2014). Genome-wide scan demonstrates significant linkage for male sexual orientation. *Psychological Medicine, 45*(7), 1379-1388. doi:10.1017/S0033291714002451

Santero, P. L., Whitehead, N. E., & Ballesteros, D. (2018). Effects of therapy on religious men who have unwanted same-sex attraction. *The Linacre Quarterly*. Retrieved from https://doi.org/10.1177/0024363918788559

Savin-Williams, R. C. (2006). Who's gay? Does it matter? *Current Directions in Psychological Science, 15*(1), 40-44.

Sharabany, R., Gershoni, R., & Hofman, J. E. (1981). Girlfriend, boyfriend: Age and sex differences in intimate friendship. *Developmental Psychology, 17*(6), 800-808.

Spitzer, R. L. (2003). Can some gay men and lesbians change their sexual orientation? 200 participants reporting a change from homosexual to heterosexual orientation. *Archives of Sexual Behavior, 32*(5), 403-417. Retrieved from http://www.jpsych.com/pdfs/Spitzer,%202003.pdf

Stanton I. J., & Yarhouse, M. A. (2011). A longitudinal study of attempted religiously mediated sexual orientation change. *Journal of Sex & Marital Therapy, 37*, 404-427.

The Reintegrative Therapy Association. (2018). *Free to love*. Retrieved from https://www.freetolovemovie.com/

Underwood, M. K., Schockner, A. E., & Hurley, J. C. (2001). Children's responses to same- and other-gender peers: An experimental investigation with 8-, 10-, and 12-year-olds. *Developmental Psychology, 37*(3), 362-372.

Whitehead, N. E., & Whitehead, B. K. (2018). *My genes made me do it!: Homosexuality and the scientific evidence* (5th ed.). Atlanta, GA: Whitehead & Associates. Retrieved from https://reurl.cc/jkbap

Whiting, B., & Edwards, C. P. (1988a). A cross-cultural analysis of sex differences in the behavior of children aged 3 through 11. In G. Handel (Ed.), *Childhood socialization* (pp. 281-297). New York, NY: Aldine De Gruyter.

Whiting, B., & Edwards, C. P. (1988b). *Child of different worlds*. Cambridge, MA: Harvard University Press.

World Psychiatric Association. [WPA] (2016). *WPA position statement on gender identity and same-sax orientation, attraction, and behaviours*. Retrived from https://reurl.cc/NpzDk

貳、教學原則

一、青少年階段不宜輕易斷定「性傾向」

1. 青少年性傾向的確認與認同需經歷一段探索歷程，有可能隨時間過去，一個人因更認識自己而改變。青少年在自我認同階段仍處於不穩定狀態，若過早要求認定，則很可能會使青少年錯估，或有自驗預言的現象，因此建議不要在青少年階段即對其性傾向下定論，應容許其有自然發展的空間。

2. 針對自己的性傾向有困惑之學生，教師應同理其處境與心理——可能因個人的獨特性而感到孤獨或被孤立，或是擔心社會的異樣眼光、壓力、被排斥或被霸凌。教師可以多陪伴、聆聽，使學生有充分的安全感，助其釐清其情感，幫助學生從各種角度更認識自己、接納自己的獨特性，並幫助其建立健康的自我形象與自尊，且應基於肯定每個生命都有同樣價值的基礎與之互動，平日注意言語上的尊重，避免無意中傷害到學生的自尊。

3. 青少年的身心尚未發展完全，不論是異性或同性的性行為，對於身心健康皆會造成不利的影響，因此教育工作者應適當引導之，避免誘發性行為探索，誤使青少年在無法克制的情況下不小心觸法。

二、面對霸凌問題：從認識常態的同儕關係發展現象著手

兒童在轉入青少年的過程中，同性間形成親密友誼是「常態現象」。孩子還不太能明顯區分喜歡、欣賞與愛戀等不同情感，以及親情、友情與愛情等不同關係。若在此階段就教導學童「『喜歡』同性，就可能是同性戀」，則可能會誤導孩子，造成誤判，反而無法了解自己真正的性傾向。因此，建議教師教導孩子，使其了解在這年齡階段「喜歡同性」是正常的。這樣的教學有以下優點：(1)適用所有的國中小學童，不會引發不適當的性別認同混淆；(2)對可能具有同性戀傾向的學童具保護作用，可以讓他們有更充裕的時間，在無壓力的環境下逐漸體認自己的性傾向；(3)上述同儕關係之發展，與學童的日常生活經驗吻合，容易理解、接受。教師只需利用日常生活的紀錄影片，或者經驗分享方式，花很少的時間卻可達最大的教學成效。

三、教導彼此正向對待的態度與行為

1. 研究顯示，性傾向在不被強迫的情況下是有轉變的「可能性」，但不表示每個人都必然會轉變。性傾向轉變的原因與機制目前尚不明確，因此教師應允許其有自然發展的空間，不宜妄下定論，避免造成學生必須改變或不能改變的壓力。

2. 性傾向是否可以改變需看個人對改變的定義，改變的核心並不在於改變性傾向，而是個人內在狀態的釐清或外在行為上的改變，包括認識與接納真正的自己和原來的性別身分，或者改變性行為或生活模式等。改變並不容易，目前的成功案例仍然有限。若有學生想要改變，教師不需刻意鼓勵或阻止，應接納學生的選擇，好好了解其想改變的原因，並給予適當的專業協助。

3. 教師應教導學生學習和「與我不同」的人相處。如果身邊有同性戀友人，應視為一般人對待，畢竟性傾向並非一個人的全部。不論是同性戀或異性戀，對於戀愛的疑惑、期待和憧憬都是一樣的，但因同性戀者為社會少數，其感情路可能更為辛苦。同學們應表達接納，花時間認識並建立信任的友誼、聆聽對方的感受。

4. 恐同症（homophobia）一詞並非臨床上的專有名詞，它是社會運動者為了吸引大眾注意而創造出來的負向標籤。教育與社會運動不同，教育之目的在於幫助學生正向成長。教師在面對不同觀點的學生時，應以教育學生成為身心健康、悅己愛人的人為目標，而非以意識型態造成對立，甚至將抱持某種觀點的學生污名化。教師不應對與其自身價值觀不同的學生貼標籤，應多以正向示範取代負面案例教學，鼓勵支持正向行為，以身作則，示範「尊重多元及友善對待差異」的態度，使學生養成彼此友善對待的正向語言與行為習慣。

參、真實案例

由於著作權的關係，部分案例無法全文轉載，請讀者自行上網閱讀全文後，再進行問題與討論。

案例 A

性傾向轉變的二個案例

1. 同性戀變異性戀

一位前同性戀者的自白與抉擇：走過同性戀人生的楊文生

【從小就有同性戀傾向】

現年 55 歲的楊文生，在 5 歲時遭異性戀的同性近親「性侵擾」過。這般逾 20 年漫長的心靈受創與影響，使他在 29 歲前都自認是天生的同性戀者。「從小我就知道自己是個男生，但親人們喜歡捉弄我，說我長得像女生，而且我愈生氣，他們就覺得有趣，就愈喜歡捉弄我。」楊文生說。家中排行老么的他，5 歲時曾被同性別的親人帶到公共浴室一同洗澡，

楊文生和妻子

卻發生奪門而出、哭著跑回家躲起來的情景……。後來，就逐漸萌生想要親近這類同性男子的念頭，只是當時沒想到自己就是所謂的「同性戀者」。

【國中時發現自己喜歡同性的身體】

國中時期，一位瘦小男同學拿了一卷女性叫床錄音帶給他聽，但他一點也不感興趣，反而是在某次無意間撞見「男性局部特寫」色情刊物時，竟讓他羞紅了臉。儘管當時立即迴避此刊物，但色情畫面卻永遠抹滅不掉，已烙印在腦中的記憶及感受更深深影響、困擾他的人生。

他坦言，自己曾非常迷戀「體格健美」的男老師、男同學。有一次，一位運動健將型同學對楊文生有「好感」，在課堂上主動靠過來和他同坐

一張課桌椅，楊文生並未排斥他，反而很享受其中。「原來我喜歡的對象，都跟 5 歲時曾性侵過我的親人的『特徵』很像。」

【自己解決不了的嚴重性飢渴】

「我以為每個人都跟我一樣，性衝動非常厲害。」20 歲前的他，熱衷滿足性慾，且常渴望擁有被觸摸的感覺。其實，他心中深深感到並渴望要看更多「色情刊物」或「真人演出」的影片，這成了他嚴重的性飢渴，甚至難以解決。

大學時期，楊文生終於遇到了一位從 5 歲就開始幻想的「最佳男人」，並由他帶著去開房間、見識 gay bar 等。當時，楊文生甘願被當成「女人」來滿足，以為那正是人生中最幸福美滿的時刻。「我整個人被折服，我愛上了他。」哪知，他深陷「情網」難以自拔，對方卻緊接著勾引其他同志，而不在乎楊文生的存在。他這樣沉浸在同志圈裡，難免要經歷不少傷痛欲絕的事，然而，也就在那十年間，他才逐漸看明白一切有關同性戀的真相與緣由。

【已經展開了另一個生命旅程】

後來在因緣際會下，楊文生因信仰的緣故有了「被愛」的經驗，他發現，這個愛跟過去在同志圈中經歷的「愛慾」不同，他覺得被這個愛完全地了解和接納。從這時候起，他感受到從未有過的滿足，而且是遠遠超越同性戀所能給予的。就此他不再想去同性戀圈，也不再覺得女性軀體是噁心的。

如今，他已經結婚並育有一對兒女，過著幸福又美滿的生活。
（在此非常感謝楊文生先生的授權）

2. 異性戀變同性戀

愛靈魂不愛身體，「滅火器」樂團主唱老婆宣布出櫃

https://goo.gl/Nx8Frn

簡介：

　　太陽花學運主題曲〈島嶼天光〉演唱者「滅火器」樂團主唱楊大正，跟鄭宜農在一起9年，結婚不到2年就結束婚姻。鄭宜農於臉書宣布出櫃，表示她對於相遇的異性，始終在身體這關宣告失敗。身體碰觸對她來說是具有壓力的，一直以來吸引她的，都是兼具女性特質與男孩子氣的女孩。鄭宜農表示，她與楊大正彼此靈魂契合，感謝前夫對她的理解與包容，他們「很努力想讓彼此快樂，但最後還是感到痛苦與壓抑」，所以最後還是選擇結束婚姻。

（全文請參看網站文章）

問題與討論：（十至十二年級適用）

1. 這兩則新聞的共同點是什麼？
2. 楊文生為什麼會成為同性戀者？他的同性戀生活如何？
3. 楊文生轉變的關鍵是什麼？
4. 如果你是楊文生的好朋友，你會對他說什麼？
5. 鄭宜農與楊大正分手的原因是什麼？
6. 如果你是鄭宜農的好朋友，你會對她說什麼？
7. 如果你是楊大正的好朋友，你會對他說什麼？

案例 B

一段找回自己的旅程

（小竹口述／作者整理改寫）

被忽略的影響力：性別榜樣篇（專訪影片）

https://goo.gl/SAM485

　　身為獨子的小竹，從小跟媽媽的感情就非常好，而爸爸是個內向木訥的男人，很少聽見他對小竹說出任何鼓勵、支持的話，甚至連氣話都沒有說過，以致於小竹無法從爸爸的角度知道自己是一個什麼樣的孩子，也不明白自己到底做得好不好、夠不夠。小時候因為個性比較敏感溫柔，同學都說小竹是「娘娘腔」、「娘砲」，這些帶著貶意的形容，對小竹來說反而成為他認定自己是女生的自我認同。因為對他而言，「娘娘腔」代表著像媽媽一樣有想法、有能力、貼心、細膩的人，所以小竹開始認定自己是一個女生，甚至為自己取了一個女生的名字。

國中小時期

　　國小時，小竹在與一位親密的男性好友玩著性遊戲的過程中，居然有著莫名的滿足感。「那好像代表著我與男人之間的一種關係深度，也是我從男人得到擁有感的證明。」到了國中，色情影片中的那些男性居然讓他怦然心動了起來，「我不知道這是什麼，只知道自己對男人有好多的遐想，好想被他們擁抱、被他們照顧。那些影片中的畫面，久久無法離去，幻想著我成為當中的女主角，享受那段如此緊密的交流。」但面對這樣的關係，他是困惑的，他不知道自己是誰，也不知道身為一個男生，自己應該是什麼樣子。

　　國二那年，媽媽因癌症過世，喪禮的一切、遺產的處理等等，都是小竹一手包辦，爸爸只負責簽名而已。那時的他忍住心中的悲痛，擔任起家中「女主人」的角色，但傷痛之餘卻找不到任何人可以傾訴。那時的小竹，不但有著對媽媽過世的悲傷，也有著對自我認同的疑惑。半年後爺爺過世，

又一場的喪禮讓他完全崩潰，因此決定遠走他鄉。

海外求學時期

在海外求學的時間，他開始了同性戀的生活，同時也走進了教會。在海外的時間，小竹確認了自己同性戀者的身分，但同時又發現在這段感情中除了「性」，似乎並沒有什麼心靈的互動，在當中也得不到幫助，只是空虛。「回想當時，我只是想從男生的身上得到肯定、得到價值，但最後卻是一場空。」當時小竹在現實和感受中有很大的拉扯，一方面享受著同性戀生活中「被愛」的感覺，另一方面又知道這只是短暫的滿足而已。「這段感情，不是我想要的嗎？」小竹不知道怎麼回答這個問題。

當兵時期

當兵時，小竹證實自己得了憂鬱症，醫生的診斷讓他驚訝的發現，原來在母親過世的當時，憂鬱症已經找上了他，甚至曾經嘗試過自殺。知道了之後，小竹不知道該怎麼面對，無法控制的情緒低潮使他既不安又痛苦，腦中不斷循環著孤單、難受、沒人愛的想法而不能自拔。這時他選擇回到教會，但教會對於如何陪伴同性戀者，始終沒個頭緒，使得小竹內心再一次的精疲力竭，甚至對教會牧者們發出不友善、極為否定的言語攻擊。「我好想好好地愛神，好好地活出一個全新的生命，可是為什麼總是達不到教會的期待……真實的情感，又怎能單靠著意志力，就能跨過去呢？」

生命的轉捩點

直到小竹接觸到一個專門幫助不快樂的同性戀者之機構，因著同是過來人的陪伴，對他的情感了解與貼心，他才開始放心地活出自己最原本的樣子。他不用擔心別人會怎麼回應他那些女性化的動作及有時裝可愛的聲音；這樣的接納與包容，讓他的心少了許多的在意，多了很多的自在。漸漸地，小竹開始面對自己真實的樣子。「心中的孩子，在長大的過程中，少了一個男人的榜樣與保護，他不知道怎麼面對自己是個男人的事實。在情感上，沒有被男人的愛所滿足；在生活上，還得做一個超齡的自己。沒有人教他怎麼做男人，也沒有人教他怎麼長大。」由自我認同的重建，小

竹也開始省思「同性戀」對他的意義為何。慢慢的，他發現他的問題不在於性傾向，他需要處理的不是喜不喜歡男生的問題，而是恢復跟爸爸的關係，擁抱自己身為男性的身分，並接納自己的獨特。他學習不再以世界上對男生和女生的刻板印象來定義自己，而慢慢接受自己是很有感覺、很有女性化特質、感情很豐富、會掉眼淚、很獨特的「男生」。小竹發現，自己的獨特不是來自人的定義，他沒有必要努力變成所謂的男人形像，才夠資格被叫做真男人──因為，他本來就是個不折不扣的男人。

　　現在的小竹仍然在尋找自我、重建自我價值感，「『每一天，都是新的一天，也都是新的開始』，這是信仰教導我的學習，也是我每一天醒來後，對自己的期待。」他坦承自己常常回到媽媽過世時那個青少年的景況，在自責與希望自己做得好的當中掙扎，但小竹相信，「只要願意，新的生命就能開始發芽，漸漸成長、漸漸長大；而突破的那一刻，就在眼前標竿的那一端，堅持就一定走得到那裡。」

問題與討論：（十至十二年級適用）

1. 為什麼小竹之前認為自己是女生？

2. 後來小竹認為他最主要的問題不在同性戀，而是什麼？你認同這想法嗎？為什麼？

3. 如果小竹是你的朋友，請試著對他說一些鼓勵的話。

第五章
性別平等／歧視
Gender equality / Discrimination

對應課綱：性別平等教育核心素養

性 A2　覺知生活中性別刻板、偏見與歧視，培養性別平等意識，提出促進性別平等的改善策略。

性 B1　了解語言、文字等符號的性別意涵，分析符號與人際溝通中的性別權力關係。

性 C1　關注性別議題之歷史、相關法律與政策之發展，並積極參與、提出建議方案。

性 C2　覺察人際互動與情感關係中的性別權力，提升情感表達、平等溝通與處理情感挫折的能力。

融入科目／領域：
自然、綜合、社會、健體、數學、英語、國語、生活

本章摘要

　　一般提到「平等」時，其實包含了平等（equality）和公平（equity）兩個概念。「**平等**」是指對等的狀態，特別是指社會地位、權利或機會的對等，強調「人生而平等」，所有人在各個層面雖有所不同，但「生而為人」的存在價值卻是一樣的。「**公平**」是指以自然法或自然權為依據的正義，特別是指沒有偏見或偏袒（歧視），強調依據「需求差異」，給予**合理**的差別待遇，使個人與生俱來的獨特內在價值得以充分發揮，而每個人的發展權利與機會都能獲得合理的保障。

　　聯合國婦女訓練中心將「性別平等」（gender equality）定義為女性和男性之間的平等，亦即女性和男性在權利、責任與機會上的平等。也就是承認單一性別內的多樣性，拒絕以刻板印象去定義性別的樣態，尊重與珍視男性和女性與生俱來的人性尊嚴及內在價值，承認「（生理）性別差異」（sex difference）的存在性，不因性別差異而剝奪其生而為人的權利、義務與機會，也不以形式上相同的待遇來否定「（生理）性別差異」之存在性，例如：《勞動基準法》第 49 條規定，不可使女性妊娠勞工於午後十時到翌晨六時從事勞務；公家機關及商場規劃「母嬰及孕婦專用停車位」；男女廁間比例調整等，都是依據性別的差異給予合理的差別待遇。

　　「性別歧視」（gender discrimination）是指，基於對性別的刻板印象或偏見而給予不平等的對待，例如：華人女性被迫放棄財產繼承權、伊斯蘭文化社會限制女性的受教權，皆是屬於性別歧視。在現實社會中，有時會採取一些暫時性的措施／手段，以求達到「實質平等」，等到兩者達到平等時，便會研擬取消此種措施／手段，例如：婦女參政保障名額。

　　「直接歧視」（direct discrimination）是指明顯以生理性別或社會性別差異為由所實施的差別待遇。「間接歧視」（indirect discrimination）是指即使表面上看似中性、無任何歧視，但在實際上卻產生歧視的效果，這是因為忽略既存的不平等狀況。

　　教師在教學時應幫助學生學習分辨何為「歧視」、如何達到真正的「平等」，避免以「反歧視」之名行壓迫之實。追求性別平等的社會，首要互相尊重，切勿僅專注於辨識歧視的樣態，或者淪為權益爭奪戰。

壹、定義、理論與研究發現

一、平等、公平與性別平等的涵義

　　談論到「性別平等」，必須先釐清平等（equality）、公平（equity）與性別平等（gender equality）的概念，而後再來談論歧視（discrimination）及性別歧視（gender discrimination）的意義。社會上「性別歧視」一詞常被濫用，或者流於個人的「自由心證」或「主觀認定」（「我認為是性別歧視就是性別歧視」），若將個人的主觀感受無限上綱，甚至侵犯他人的基本人權，便會衍生「假『反性別歧視』之名，行壓迫之實」的社會亂象。

　　平等（equality）是指對等的狀態，特別是指社會地位、權利或機會的對等（the state of being equal, especially in status, rights, or opportunities）（Equality, n.d.）。心理學家 Adler 強調，人生而平等是一種意識上的平等，是指「人格對等的狀態」——「內在價值」與「關係」的平等（葉小燕譯，2014）。Adler 主張，能力、身分、階級、性別、族群、國籍、宗教、文化等皆不能用以界定個人的內在價值，所有人在上述各個層面雖有所不同，但生而為人的存在價值卻是一樣的，都應該被當成「人」來看待。心理學家 Enright（2012, 2015）認為，從生物遺傳學的科學證據來看，每個人都擁有獨一無二的 DNA，因此人的獨特性是與生俱來且無可取代的，此即為人與生俱來的價值（inherent worth），不是他人或任何社會制度給予的，亦不會因個人的身分、階級、性別、族群、國籍、宗教、文化或行為的差異而減損或消失。因此，人雖生而不同，但這個「不同／差異」並無善惡、高低或優劣之分。

　　公平（equity）是指以自然法或自然權為依據的正義，特別是指沒有偏見或偏袒（justice according to natural law or right; specifically freedom from bias or favoritism）（Equity, n.d.）。「偏見」是個人基於對特定群體或所屬成員的刻板印象，所產生的曲解或負面的態度，例如：有些人會莫名地厭惡某個特定族群，即是一種族群的偏見。「偏袒」是給予不公平的較佳待遇（the unfair practice of treating some people better than others）（Favoritism, n.d.）。無論是偏見或偏袒都是對人的**差別待遇**，悖離「人生而平等」的自然法則，違反「公平」的原則，是一種不平等。

但是，若僅強調「一視同仁」，給予每個人「一樣」的「無差別待遇」，而完全忽略人與生俱來之獨特性，以及不同成長環境所衍生之發展需求差異與立足點的不平等，反而會限制個人獨特性的發展，此也是一種不平等，例如：傳統「智育」掛帥的教育，以同樣的教材和教法教導不同智能、性向與學習風格的學生，不僅限制學生個人獨特潛能的發展，更扼殺學生的學習動力，形成另一種不平等的現實，此實為假平等。簡言之，強調「一視同仁」的無差別待遇並不一定公平。

事實上，「公平」所強調的「正義」，是揭開「一視同仁」的假面具，承認人「與生俱來」之獨特性所自然衍生的發展需求差異，進而依據「需求差異」給予合理的差別待遇，使個人與生俱來的獨特內在價值得以充分發揮，讓每個人的發展權利與機會都能獲得合理的保障，例如：每個人都有接受教育的需求，但對於有特殊需求的學生施予特殊教育（啟智教育、啟聰教育及其他特殊教育，包括資優教育），即是「公平」的具體實踐。又例如：《勞動基準法》第 49 條規定，不可使女性妊娠勞工於午後十時到翌晨六時從事勞務；公家機關及商場規劃「母嬰及孕婦專用停車位」；重新檢視男女廁間比例等，都是依據與生俱來的生理性別差異給予合理的差別待遇。

以下簡單以圖 5-1 的圖示，釐清「平等」及「公平」的差別（鍵說影音，2016）。

圖A：平等	圖B：公平	圖C：理想的社會公平
平等是一種客觀、簡單的平均主義。字面意思是「均等，平等」，例如：2個人分4顆蘋果，強調「一樣」的分配正義。 缺點是，它忽略個體的起點差異，只在乎個體是否獲得均等的資源，結果可能是：個體間的差異沒有任何改變，貧者依舊貧困，弱者依舊弱勢。	公平是一個主觀性很強的概念。 優點是，考慮到了個體起點差異的因素，因此對貧者多補，對富者少補，以期抹平貧富差異。 缺點是，公平不公平往往取決於個體的主觀感受，且通常是從利己的角度出發，因此是否「公平」很難在群體中達成共識。且這種方式抹殺了個體才能（talent）的差異，造成了新的不公平。	理想的社會公平是一種更高境界的公平。 能消除造成個體間貧富高低之分的系統性障礙，給個體在系統中以同等的機會，使其得以達到他們各自才能所及的不同高度。 雖然要達到這個理想不太容易，但仍應盡力朝這個方向努力。

圖 5-1　平等與公平

資料來源：一鍵說影音（2016）

綜上所述，不管是「平等」或「公平」都有其優缺點，二者各有其歷史源流及脈絡，在實際應用上往往會因為預設價值立場而產生爭議，難以判準（黃昭元，2017），建議應考量事件、傳統、習俗、宗教、文化等因素，求取平衡。

至於「**性別平等**」（**gender equality**），聯合國婦女訓練中心將之定義為女性和男性在權利、責任與機會上的平等（UN Women Training Centre, n.d.）。性別平等並非意指男女變成完全一樣，而是指在權利、責任和機會

上不會因其生為男性或女性而有差異。性別平等也意味著承認單一性別內的不同群體間也有其多樣性，而拒絕以刻板印象去定義性別的樣態，並且在各項實務中，男女的利益、需求和優先權皆需同時被納入考量（UN Women Training Centre, n.d.）。所有人類不應受任何刻板觀念、僵化的性別角色和偏見的限制，不論其性別，皆有發展個人能力、從事各種專業和選擇的自由（United Nations, 2010）。

依據聯合國的性別平等詞彙表，性別平等是「gender **equality**」而非「gender **equity**」（UN Women Training Centre, n.d.）。聯合國認為，「gender **equity**」涉及對「社會正義」（social justice）的詮釋，這種詮釋往往係以傳統、習俗、宗教、文化的觀點為基礎，對於差別待遇是否「公平」較難給予明確之界定，反而經常會損害婦女的權益，例如：諾貝爾和平獎得主 Malala Yousafzai 所處的巴基斯坦社會，便是不鼓勵甚至禁止女性受教育；甚至在美國的穆斯林仍有童婚的習俗（註1）。因此，聯合國「消除對婦女一切形式歧視公約」（CEDAW）委員會在其一般性建議第 28 號條文（行政院性別平等會，2012a）中明確指出，締約國於履行公約規定之義務時，必須奠基於「**equality** of women and men」或「gender **equality**」的概念，而非「gender **equity**」的概念。我國的《性別平等教育法》英譯為「Gender **Equity** Education Act」，與聯合國的建議並不一致。在 2018 年 7 月第三次 CEDAW 國家報告審查委員會的結論性意見與建議中，國際審查委員們即明白表示，*「審查委員會關切《性別平等教育法》之英譯 Gender Equlity Education Act 未正確反映 CEDAW 用語，此英譯對理解教育中之性別平等概念造成混淆。」*委員明確建議「政府將法規譯名改為 Gender Equality Education Act」（行政院性別平等會，2018）。

綜合聯合國關於性別平等的詮釋，以及前述「平等」與「公平」的概念，性別平等乃是尊重與珍視男性和女性與生俱來的人性尊嚴及內在價值，承認「（生理）性別差異」的存在性，不因性別差異而剝奪其生而為人的權利、義務與機會，也不以形式上相同的待遇來否定「（生理）性別差異」之存在性。

二、「歧視」與「性別歧視」的涵義

「歧視」一詞具有多種涵義，就社會學的觀點，歧視是指基於刻板印象或偏見而給予不公平的對待，例如：「拒絕租屋給老人」即屬年齡歧視。

偏見（prejudice）與歧視二詞經常被交替使用，然而偏見意指個人對特定群體（如政黨、種族、國家、民族、宗教、性別）或所屬成員有刻板印象，因而產生的曲解或負面態度。而歧視則是指給予特定群體或其成員不公平的待遇（參考國家教育研究院雙語辭彙、學術名詞暨辭書資訊網）。一個是態度，一個是行動。

以美國為例，雖然在 2009 年選出了第一位非裔總統 Barack Obama，但美國境內依然存在嚴重的種族歧視問題，例如：2016 年的連續數起白人警察槍殺黑人男子事件，被非裔美國人視為是白人警察歧視黑人的不當執法行為（註 2）。

「歧視」、「刻板印象」及「偏見」簡單比較，如表 5-1 所示。

表 5-1　刻板印象、偏見及歧視

	定義	層面	評價
刻板印象	對某一特定群體（如性別、種族、宗教、年齡等）中的人，有一組簡化的、僵化的且過度類化的看法。	認知	簡化僵化
偏見	個人基於對特定群體或所屬成員的刻板印象，所產生的曲解或負面態度。	情感態度	負面
歧視	個人基於刻板印象或偏見，給予特定群體或其成員不公平的待遇。	行為	負面

註：「刻板印象」請見第三章的描述。

所謂的**性別歧視**，依據聯合國的消除對婦女一切形式歧視公約（CEDAW），「性別歧視」可定義為「任何基於生理性別（sex）的區別、排斥或限制，其作用或目的在於阻礙或否認女性（不論其婚姻狀況如何）在政治、經濟、社會、文化、公民或其他領域上，基於男女平等、人權和基本

自由所應享有的認可、權益或行使權」。簡言之，**性別歧視**是指，**基於個人之性別（生理性別或社會性別）而給予不合理的差別待遇**，例如：華人女性被迫放棄財產繼承權、伊斯蘭文化社會限制女性的受教權，皆是性別歧視。

在過去，臺灣實務上也有許多性別歧視的例子，例如：在刻板印象中認為女性比較具有愛心、較適合擔任小學及幼兒園的老師，因此在進行教師甄選時可能會排斥男性的應徵者；又如：認為警察、保全等一些維安相關的工作比較具有危險性，由男性擔任比較適合，因此限制女性擔任維安工作的比例，且訂出性別差別的進用條件，這類差別待遇即為性別歧視（行政院性別平等會，2014）。

不過，並非所有的差別待遇都是歧視。有些差別待遇是基於天生性別間的生理差異，這些是屬於「合理的差別待遇」，例如：在醫療判斷、用藥劑量方面，男女有所差異（註3）；在中小學生體適能的活動上，男女也有不同需求（教育部體育署，無日期），因此中小學生在體適能的測量上會因性別而有不同的標準。

在現實社會中，為求達到「實質平等」，有時會採取一些措施／手段（亦可稱之為「積極性的差別待遇」）。這些措施／手段往往是暫時性的，等到兩者達到平等時便會研擬取消，例如：前面提及的婦女參政保障名額。當然，有些「弱勢」或「限制」並不會因為這些措施／手段而改變，這時便不會是「暫時性」的，例如：原住民學生及身心障礙學生入學考試加分、身心障礙者職務再設計或職位保障名額等。

此外，在聯合國第28號一般性建議（United Nations, 2010）中指出，還有一些可能造成性別歧視的交叉性影響因素，例如：種族、民族、宗教或信仰、健康、地位、年齡、階級、種姓和性傾向，以及性別認同。聯合國並且要求締約國必須在法律上承認這種交叉形式的歧視及其對有關婦女的複雜負面影響，並予以禁止。

目前，我國的法令中已經納入性傾向及性別認同二項因素。《性別平等教育法》中將性傾向或性別認同納入保障範圍，包括：性霸凌之定義（第

2 條第 5 項）、學習環境（第 12 條）、招生及就學許可（第 13 條）、教學活動、評量、獎懲、福利及服務（第 14 條）等各方面，皆不得因性別、性別特質、性別認同或性傾向，而有差別待遇。《性別工作平等法》則規定在招募、甄試、進用、分發、配置、考績或陞遷；教育、訓練或其他類似活動；各項福利措施；薪資之給付；退休、資遣、離職及解僱（第 7 至 11 條），皆不得因性別與性傾向而有差別待遇。

　　儘管其他交叉性影響因素（如種族、民族、宗教或信仰、健康、地位、年齡、階級）尚未被納入法令中，老師仍需加以注意，以確保所有族群皆可受到平等對待。

三、形式平等與實質平等

　　《性別平等教育法》開宗明義提到其目標是要達成性別地位之「實質平等」（substantive equality），其相對的概念是「形式平等」（uniform equality），也就是法律上一視同仁，不管對象或事實差異，均為相同之處置。而所謂的「實質平等」，即事實上的平等，就是有「合理的不同處置」（註 4）。至於何謂合理，則是斟酌「事實上之差異」及「立法之目的」而為之不同處置（如表 5-2 所示）。實質平等包括三個面向：機會平等、資源取得機會的平等，以及結果平等。

表 5-2　「形式平等」與「實質平等」的差異

形式平等	實質平等
是指法律一視同仁，不問對象或事實差異，均為相同之處置。例如：教育機會均等即為形式平等。	是因應差異而產生，強調「合理的差別對待」，通常是在考慮原來處於不平等狀態者的特殊保障時適用。也就是「相同事物為相同之處理，不同事物為不同之處理」，但不得將「事物本質」不相關的因素納入考慮。《憲法》第 7 條所定之「平等權」，即為保障人民在法律上地位之實質平等，並不限制法律授權主管機關，斟酌具體案件事實上之差異及立法之目的，而為合理之不同處置。例如：身心障礙者考試加分，是為了保障弱勢的教育機會。又如：女性由於歷史傳統因素，對參與政治或社會公共事務較缺乏經驗，因此實質平等的倡議者便提出婦女參政的保障名額（《憲法》第 134 條、CEDAW 第 7 條、CEDAW 一般性建議第 23 號*），強調男女間之差異應受到尊重，其資源與機會應受到相同之保障。

註：*參見行政院性別平等會（2012b）

　　為了為加速實現男女事實上的平等，CEDAW 第 4 條建議採納「暫行特別措施」。暫行特別措施屬於「矯正式的平等」，是實現實質平等的工具，目的在解決因社會經濟文化結構而造成的差異。這些措施應在男女機會和待遇平等的目的達到之後，停止採用。

　　針對男女生理差異而給予不同差別待遇，則是屬於永久性措施（註5）。CEDAW 第 4 條第 2 項明示：「締約各國為保護母性而採取的特別措施，包括本公約所列各項措施，不得視為歧視」，例如：《職業安全衛生法》第 30 條規定，雇主不得使妊娠中之女性勞工從事危險性或有害性工作；《勞動基準法》第 50 條至第 52 條針對妊娠或哺乳期間之女工，也有特別保護的規定（註6）。

值得討論與反思的是，實質平等在執行面常會遇到「誰是應保護的弱勢群體？」「合理的差別待遇要怎樣才算合理？」「對某些族群的優惠是否相對成為其他族群的損害？」等問題，例如：2012 年，美國一位蛋糕師傅 Phillips 因信仰價值觀的因素而不願為一對同性伴侶製作婚禮蛋糕，纏訟多年後終於在 2018 年獲得美國最高法院的支持勝訴，勝訴的理由是為保障蛋糕師傅受到第一修正案保護的藝術呈現（言論自由）及宗教信仰的自由（吳雯淇，2018）。

如今，世界各地有部分少數族群以平等權作為挑戰社會主流群體的工具，此乃誤解平等的真正意義，令人遺憾。

四、「直接歧視」與「間接歧視」

歧視還可分為「直接歧視」與「間接歧視」兩種。「直接歧視」是指明顯以性或性別差異為由所實施的差別待遇。「間接歧視」是指即使表面上無任何歧視，但在實際上產生歧視的效果，通常這種狀況是因為忽略了「既存的」不平等狀況，例如：如果不注意社會結構和歷史模式，就很容易忽略男女間權力關係之不平等，如此就可能會使間接歧視的狀況更加惡化。又如：若某公司指定只聘用身高超過 160 公分的人，便很可能會使較多女性比男性更無法符合這項身高的條件。如果沒有合理的理由，則這種條件便構成「間接」歧視（伍維婷，2016）。在其他就業歧視中，「直接歧視」則包括雇主指定性別、或婚姻狀況、或因懷孕而解雇員工。「間接歧視」的案例包括：限制應徵人員不得有「老花眼」，造成不利於中高齡者的應徵機會；或規定員工應穿著制服，卻僅提供部分尺碼，造成求職人員因無合身制服，而無法錄取等（勞動部就業平等網，無日期）。

五、我國性別平等概況

我國的性別平等概況，根據行政院於 2018 年出版的「性別圖像」，我國性別不平等指數（GII）分項指標表現，如表 5-3 所示，與聯合國開發計畫署（UNDP）評比之 159 個國家相較，排名第 9（如圖 5-2 所示）。整體性別平等概況則可以從七個面向來看，包括：「權力、決策與影響力」、

「就業、經濟與福利」、「人口、婚姻與家庭」、「教育、文化與媒體」、「人身安全與司法」、「健康、醫療與照顧」,以及「環境、能源與科技」,各面向的性別統計分析請參閱行政院每年出版的「性別圖像」(行政院主計總處,2018)。礙於篇幅,以下僅以薪資為例做說明。

表 5-3　我國性別不平等指數(GII)分項指標

我國 GII 分項指標

領域	指標	資料年	數值
生殖健康	孕產婦死亡率(人/10萬活嬰)	2017	10
	未成年(15-19歲)生育率(%)	2017	4
賦權	國會議員比率(%)	2017	女:38.1 男:61.9
	中等以上教育程度占25歲以上人口比率(%)	2010	女:75.6 男:87.5
勞動市場	15歲以上勞動力參與率(%)	2017	女:50.9 男:67.1

說明:資料年參採 2016 HDR,為與國際比較基礎一致,我國中等以上教育程度占 25
　　　歲以上人口比率係與 2016 HDR 採用相同資料來源 Barro and Lee(2016),我
　　　國最新資料年為 2010 年。
資料來源:行政院主計總處(2018a,頁 1)(2018b)

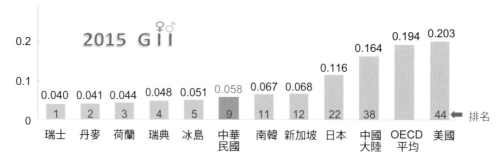

資料來源:聯合國開發計畫署(UNDP)「2016 Human Development Report」(2016
　　　HDR)、行政院主計總處「性別統計專區」。
說　　明:GII 值越低越佳(0 代表非常平等,1 代表非常不平等);我國加入評比
　　　後,排名居我國之後者均較原報告退後一名。

圖 5-2　我國性別不平等指數排名
資料來源:行政院主計總處(2018,頁 1)

在「性別平等」議題中最常被提出來討論的，是男女同工是否同酬的問題。檢視我國的男女薪資現況，2015 年我國非農業部門受僱員工平均時薪，女性為 253 元，低於男性之 296 元，性別薪資差距為 14.5%（如圖 5-3 所示）（行政院主計總處，2017）。

按行業別觀察，多數業別男性平均時薪多於女性，2015 年的薪資差距以醫療保健服務業之 44.4 ％最大，其次為藝術、娛樂及休閒服務業之 34.2 ％與製造業之 26.8%。在各大業別中，僅有在支援服務業、不動產業、用水供應及汙染整治業中，女性的平均時薪高於男性（如圖 5-4 所示）（行政院主計總處，2017）。

另外，2017 年行政院性別平等處的資料顯示，女性較男性需多工作 52 天，才能達到整年總薪資相同。可見我國男女間的不平等現象與十年前相比雖然差距已漸漸縮小，然而仍有努力的空間（行政院性別平等會，2017）。

圖 5-3　2015 年我國非農業部門受僱員工平均時薪

資料來源：行政院主計總處（2017，頁 6）

為促進「性別平等」，我國有針對婦女權益而有的暫行特別措施，例如：行政院勞委會提出的「微型創業鳳凰貸款」，讓年滿 20 至 65 歲的婦女有機會提出申請，提升婦女的勞動參與率；又如《憲法增修條文》第 4 條規定，全國不分區及僑居國外國民，婦女當選不得低於二分之一之配額制度（行政院性別平等會，2012b）。

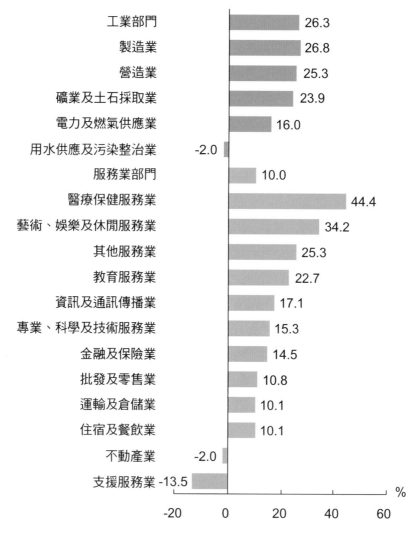

行業	差距(%)
工業部門	26.3
製造業	26.8
營造業	25.3
礦業及土石採取業	23.9
電力及燃氣供應業	16.0
用水供應及污染整治業	-2.0
服務業部門	10.0
醫療保健服務業	44.4
藝術、娛樂及休閒服務業	34.2
其他服務業	25.3
教育服務業	22.7
資訊及通訊傳播業	17.1
專業、科學及技術服務業	15.3
金融及保險業	14.5
批發及零售業	10.8
運輸及倉儲業	10.1
住宿及餐飲業	10.1
不動產業	-2.0
支援服務業	-13.5

圖 5-4　2015 年非農業部門受僱員工性別薪資差距：按行業分

資料來源：行政院主計總處（2017，頁 6）

　　除了上述的性別平等圖像之外，另有一些因交叉性因素（性傾向、性別認同）影響而產生之平等議題，例如：性別友善廁所及同性婚姻等。這些議題因牽涉層面較廣，也引發較多社會爭議。因篇幅有限，在此暫不探討。

延伸閱讀與教學資源

- 湯瑪士・李寇納（Thomas Lickona）（2002）：了解「包容」與「多元」的真義。

  https://reurl.cc/l9qgv

- 行政院主計總處（2018）。**2018 年性別圖像**。取自 https://reurl.cc/YvOQ4

- 勞動部就業平等網

  https://eeweb.mol.gov.tw/front/main/294

- 聯合國婦女署「2016 年性別平等大事記」，婦女權益促進發展基金會網站

  http://www.iwomenweb.org.tw/cp.aspx?n=0FA3526EFFEB32CB

- 職場及校園中的性別歧視與性騷擾（國立交通大學通識課程《愛情的法律學分》部落格）

  https://goo.gl/VisHNp

- 國家教育研究院「教育頻道學習影片」：

  1. 出口成髒——語言中的性別意涵 [15:28]，7 至 12 年級適用

     https://www.youtube.com/watch?v=IIR9o87qXQo&feature=youtu.be

  2. 請你不要太過份！——從 KUSO 到校園霸凌 [15:24]，7 至 12 年級適用

     https://www.youtube.com/watch?v=qlkj5pIYuP8&feature=youtu.be

  3. 以前都是這樣啊！——性別與文化 [15:08]，7 至 12 年級適用

     https://www.youtube.com/watch?v=Hn-6-O-8HmA&feature=youtu.be

註解：

註 1：請參見：梁振嶽（2017 年 5 月 12 日）。美國的童婚新娘：第一世界裏的第三世界問題。**端傳媒**。取自 https://reurl.cc/g0Lo7

註 2：2016 年爆發的種族衝突事件，包括：奧克拉荷馬州發生白人警察殺死因汽車拋錨而下車求助的黑人男子 Terence Crutcher；另一起則是 9 月 20 日在北卡羅來納州，黑人男子 Keith Lamont Scott 無故遭白人警察殺害，22 日夏洛特市出現大批抗議種族歧視的人潮，卻在晚間又傳出一名抗議男子遭警察開槍擊中。

註 3：德國藥劑專家認為，男女的體內激素、新陳代謝和身體結構都不一樣，藥物的作用期間也不相同，所以男女用藥的劑量也應該各異（中華民國製藥發展協會，無日期）。

註 4：大法官於 1986 年之釋字第 211 號解釋：「按憲法第七條規定：『中華民國人民，無分男女、宗教、種族、階級、黨派，在法律上一律平等。』係為保障人民在法律上地位之實質平等，並不限制立法機關在此原則下，為增進公共利益，以法律授權主管機關，斟酌具體案件事實上之差異及立法之目的，而為合理之不同處置⋯⋯。」

註 5：CEDAW 第 4 條第 1 項：「締約各國為加速實現男女事實上的平等而採取的暫行特別措施，不得視為本公約所指的歧視，亦不得因此導致維持不平等的標準或另立標準；這些措施應在男女機會和待遇平等的目的達到之後，停止採用。」第 2 項：「締約各國為保護母性而採取的特別措施，包括本公約所列各項措施，不得視為歧視」（行政院性別平等會，2012a）。

註 6：《勞動基準法》第 50 條：「女工分娩前後，應停止工作，給予產假八星期；妊娠三個月以上流產者，應停止工作，給予產假四星期。前項女工受僱工作在六個月以上者，停止工作期間工資照給；未滿六個月者減半發給。」第 51 條：「女工在妊娠期間，如有較為輕易之工作，得申請改調，雇主不得拒絕，並不得減少其工資。」第 52 條：「子女未滿一歲須女工親自哺乳者，於第三十五條規定之休息時間外，雇主應每日另給哺乳時間二次，每次以三十分鐘為度。前項哺乳時間，視為工作時間。」

參考文獻

中文部分

一鍵說影音（2016 年 9 月 3 日）。平等與公平。**每日頭條**。
　　取自 https://kknews.cc/zh-tw/news/o28a8o.html

中華民國製藥發展協會（無日期）。**男女用藥　劑量應有異**。
　　取自 https://reurl.cc/Wr3W5

伍維婷（2016）。**直接歧視與間接歧視**。取自 https://reurl.cc/o13Zq

行政院主計總處（2017）。**2017 年性別圖像**。取自 https://reurl.cc/415Gj

行政院主計總處（2018a）。**2018 年性別圖像**。取自 https://reurl.cc/o1zqQ

行政院主計總處（2018b）。**性別不平等指數**（Gender Inequality Index, GII）。
　　取自 https://reurl.cc/xaQd4

行政院性別平等會（2012a）。**CEDAW 第 1 號至第 28 號一般性建議**。
　　取自 https://www.gec.ey.gov.tw/news.aspx?n=846C92191EDD5C4C&

行政院性別平等會（2012b）。**CEDAW 手冊**。取自 https://reurl.cc/6EAmk

行政院性別平等會（2014）。**識讀性別平等與案例分析**。
　　取自 https://health99.hpa.gov.tw/media/public/pdf/50654.pdf

行政院性別平等會（2017）。**我國性別平等推動成果及未來展望**。
　　取自 https://goo.gl/H4NXp9

行政院性別平等會（2018 年 7 月 20 日）。**消除對婦女一切形式歧視公約**
　　（**CEDAW**）：**中華民國（臺灣）第 3 次國家報告審查委員會總結意見**
　　與建議（中文版定稿）。取自 https://reurl.cc/VjyVN

吳雯淇（2018 年 2 月 9 日）。烘培師拒幫同志做結婚蛋糕勝訴　法院：未
　　違反歧視法。**風向新聞**。

教育部體育署（無日期）。**體適能常模**。
　　取自 https://www.fitness.org.tw/model01.php

勞動部就業平等網（無日期）。**什麼是就業歧視之直接歧視？間接歧視？** 取自 https://eeweb.mol.gov.tw/mobile/menus/parent/294

黃昭元（2017）。從平等理論的演進檢討實質平等觀在憲法適用上的難題。憲法解釋之理論與實務。**中央研究院法律學研究所專書**（頁 271-312）。

葉小燕（譯）（2014）。**被討厭的勇氣：自我啟發之父「阿德勒」的教導**（原作者：岸見一郎 & 古賀史健）。臺北市：究竟。

英文部分

Enright, R. D. (2012). *The forgiving life: A pathway to overcoming resentment and creating a legacy of love*. Washington, DC: American Psychological Association.

Enright, R. D. (2015). *8 keys to forgiveness*. New York, NY: W. W. Norton.

Equality (n.d.). In *English Oxford living dictionaties*. Retrieved from https://en.oxforddictionaries.com/definition/equality

Equity (n.d.). In *merriam-webster*. Retrieved from https://www.merriam-webster.com/dictionary/equity

Favoritism (n.d.). In *Learner's dictionary*. Retrieved from http://www.learnersdictionary.com/definition/favoritism

UN Women Traning Centre (n.d.). *Gender equality glossary*. Retrieved from https://goo.gl/aSbdNr

United Nations (2010). *General recommendation No. 28 on the core obligations of States parties under article 2 of the Convention on the Elimination of All Forms of Discrimination against Women*. Retrieved from https://goo.gl/aSuKn4

貳、教學原則

一、釐清關於「平等／歧視」的重要觀念，避免濫用「歧視」一詞

1. 學習尊重多元觀點，並了解「實質平等」乃因應差異而有合理的差別對待。

2. 正視某些行為確實會造成的後果，對於客觀陳述事實或表述意見不同者，應予以尊重，不應隨意貼上「歧視」標籤。

3. 合理的「差別待遇」並非「歧視」，避免濫用「歧視」一詞。

4. 不同性別者都應享有基本人權，在政治、經濟、社會和家庭中應受到平等對待（例如：參政權、職場中同工同酬、受教權、健康權等）。

二、培養尊重的品格，接納性別差異，避免性別偏見或刻板印象

1. 教導學生尊重並接納性別差異，因生理性別差異應有合理的差別對待，但應覺察因刻板印象所造成的「不平等」，以保障每個人的基本人權。

2. 覺察及避免對於性別角色的刻板印象，肯定每一個生命的價值，接納並欣賞每個人的天賦才能，不因不符合性別期待就予以否定。

3. 探討「平等」與「公平」的概念時，不只談個人權利，也必須重視國家社會的群體公共利益，追求集體的平等與福祉。

三、可提供學生討論的實例

平等	公平	不平等
・無論女性或男性皆有接受十二年國民基本教育的權利與義務。 ・成年女性和男性，只要年滿 20 歲即有選舉權，年滿 40 歲即可參選總統。	・女性的生理假。 ・《勞動基準法》第 49 條規定，不可使女性妊娠勞工於午後十時到翌晨六時從事勞務。 ・公家機關及商場規劃「母嬰及孕婦專用停車位」。	・女兒被迫放棄財產繼承權（我國《民法》保障兒子與女兒享有同樣的財產繼承權）。 ・職場上所謂的「天花板效應」。 ・某些社會文化中禁止女性受教育。

平等	公平	不平等
・公務體系與公立學校採行同工同酬制，因此無論是女性或男性，只要職等相同，其薪資就相同。 ・依據《性別工作平等法》，無論是母親或父親皆可請育嬰假。	・檢視男女廁間比例。 ・婦女參政保障名額。	・職業類別的限制。

參、真實案例

由於著作權的關係，部分案例無法全文轉載，請讀者自行上網閱讀全文後，再進行問題與討論。

案例 A

女性在職場最常受到的五種委屈

https://goo.gl/F9DDd4

簡介：

雖然現今的社會強調兩性平權、男女平等，但女性在職場或是求職的經驗中，卻仍常因為性別因素受到不平等的待遇。《遠見雜誌》在 2014 年統計了女性在職場最常受到的五大「委屈」，包括：生理假限制過多、覺得女性不夠專業、職場性騷擾、懷孕女性求職困難，以及升遷機會不平等。文中並提醒男性在職場上學習尊重女性，而女性也應展現專業，不要受到性別的侷限。

（全文請參看網站文章）

問題與討論：（七至十二年級適用）

1. 職場（或學校生活）中有哪些性別不平等現象？

2. 如果遇到類似情況，你會如何反應？

3. 我們可以如何改善這種情況？

性別平等教育 教學資源手冊

案例 B

性別工作平等申訴案件的件數與類型分析

https://goo.gl/2zvQNZ

　　2016 年，勞動部受理性別工作平等申訴件數為 440 件，其中的成立件數為 80 件。與性別歧視有關者，包括：(1)按歧視態樣分者有 37 件：性別占 35 件，性別認同占 2 件；(2)按歧視類別分者，「招募、甄試、進用」、「資遣」、「離職或解僱」，以及「規定或事先約定因結婚、懷孕、分娩或育兒時，應行離職或留職停薪」這幾項最多，各占 9 件。另外，與性騷擾防治有關者有 27 件：「雇主於知悉職場性騷擾之情形時，未採取立即有效之糾正補救措施」占 26 件，「敵意式性騷擾」占 21 件（每一申訴案件容許兩項以上申訴類別）。至於工作平等措施有關者占 20 件，以「育嬰留職停薪」的 7 件為大宗。

資料來源：勞動條件及就業平等司（2016）。性別工作平等申訴案件件數
　　　　　─按申訴類別分。取自 https://goo.gl/2zvQNZ

問題與討論：（七至十二年級適用）

1. 職場上可能有哪些類型的性別不平等現象？

2. 職場中有哪些差別待遇是「合理差別待遇」？哪些是基於偏見的歧視？

3. 如何改善職場中的性別不平等現象？

性別工作平等申訴案件件數──按申訴類別分

單位：件、千元

項　　目　　別	受理件數	評議件數	成立件數	
				罰鍰金額(千元)
101 年	325	233	89	…
102 年	280	127	53	…
103 年	370	190	77	…
104 年	405	189	95	18,930
105 年	440	240	80	13,010
性別歧視	218	119	37	8,930
按歧視態樣分				
性別	216	115	35	8,330
性傾向	1	1	-	-
性別認同	1	3	2	600
按歧視類別分				
招募、甄試、進用	29	21	9	1,970
分發、配置	9	5	-	-
考績	3	2	-	-
陞遷	1	1	1	20
雇主提供之教育、訓練或其他類似活動	-	1	-	-
雇主提供之各項福利措施	12	1	-	-
薪資之給付	10	5	2	520
退休	-	-	-	-
資遣	46	28	9	2,500
離職及解僱	78	42	9	2,300
規定或事先約定因結婚、懷孕、分娩或育兒時，應行離職或留職停薪	50	22	9	2,140

性別平等教育 教學資源手冊

性別工作平等申訴案件件數──按申訴類別分（續）

單位：件、千元

項　　目　　別	受理件數	評議件數	成立件數	
				罰鍰金額(千元)
性騷擾防治	146	84	27	3,470
雇主於知悉職場性騷擾之情形時，未採取立即有效之糾正補救措施	142	81	26	3,370
敵意式性騷擾	135	75	21	2,870
交換式性騷擾	10	8	6	600
雇主未訂定性騷擾防治措施、申訴及懲戒辦法，或未在工作場所公開揭示	17	14	5	800
工作平等措施	119	54	20	1,330
生理假	14	5	3	80
產假	16	7	2	30
產檢假	1	1	-	-
安胎休養請假	20	13	3	620
陪產假	10	3	2	60
育嬰留職停薪	45	22	7	200
育嬰留職復職	14	5	3	340
哺乳時間	3	1	-	-
育兒減少工時或調整工時	1	-	-	-
家庭照顧假	2	1	-	-
托兒設方或措施	2	-	-	-

資料來源：本部勞動條件及就業平等司。

說　　明：1.性別歧視態樣自104年起細分為性別、性傾向及性別認同，另增列「罰鍰金額」欄位。

　　　　　2.每一申訴案件容許2項以上申訴類別。

128

案例 C

就業歧視：飯店遭訴就業歧視，禁女員工戴眼鏡，罰10萬

https://goo.gl/DQhb6B

簡介

　　臺北市勞工局於2010年曾裁罰兩件就業歧視案例，這也是國內首見的就業歧視受罰案件。第一例為臺灣四季飯店規定，女性員工不得戴眼鏡上班（只能戴隱形眼鏡），但男員工卻可以。勞工局認定僱主違反《性別工作平等法》開罰10萬元，成了首例因戴眼鏡規定而遭罰的案例。

　　第二例則是中華航空公司招考空服員有身高限制（女性160公分以上、男性170公分以上），勞工局也認定是「容貌歧視」而開罰30萬元，成了航空業首例。不過，業者澄清已將身高限制改為「以光腳、伸手能碰觸到機艙行李箱高度」，但勞工局認為招募廣告已讓許多不符身高的潛在應徵者之權利受損。

　　事實上，許多業者在招募員工時仍會要求履歷需貼照片，利用照片篩選員工，或服務業規定女性穿短裙、要求女性做外場等，都屬就業歧視。除非僱主能提出限制條件的關聯性，例如：女性內衣廣告模特兒限女性、童裝限小朋友等，否則仍會構成就業歧視。

（全文請參看網站文章）

問題與討論：（七至十二年級適用）

1. 在上述案例中，公司對員工的規定或招聘限制是否合理？為什麼？

2. 如果因為工作性質而定出身高或性別的限制，合理嗎？為什麼？

案例 D（國際案例）

法律放縱「搶婚」惡習？吉爾吉斯女性人人自危

https://goo.gl/Pq6Q8M

【消失的國界】隨機擄女，吉爾吉斯「搶婚」發源地（影片）

https://goo.gl/pg5KPT

簡介：

　　中亞許多國家至今都還有「搶婚」的習俗，這種惡習的發源地就是吉爾吉斯。搶婚在吉爾吉斯常發生在大白天，男人在路上看到喜歡的女孩，就有可能一把抱走帶回家當老婆，平均每 40 分鐘就有一個女孩被搶。

　　美國費城大學教授 Russell Kleinbach 乃研究中亞搶婚議題的權威，據他觀察，大部分的搶婚會發生在五、六月學校畢業季。女子被擄後，男方的女性親友甚至會協助說服被擄女子接受婚事。而且女子一旦被搶婚，不管是家人或是鄰居，全部都會將她視為「不貞潔」而使其別無選擇，因此親友也成為搶婚的共犯結構。

　　雖然吉爾吉斯法律明定搶婚是非法的，但搶婚者比起搶劫羊隻的判刑還輕，搶一頭羊要關十一年，搶女人卻只要關三年，且在鄉下法律形同虛設，故此陋習仍然無法被有效遏止。每年至少約有 12,000 人被搶婚，且其中有 2,000 人當晚就遭強暴。關心此議題的人期待從教育著手，讓吉爾吉斯人民了解搶婚「不是傳統而是犯罪行為」，希望能有效保障吉爾吉斯婦女的權益。

（全文請參看網站文章或影片）

問題與討論：（十至十二年級適用）

1. 是什麼原因造成吉爾吉斯女性的不幸遭遇？
2. 如何才能改變這樣的困境？

案例 E（國際案例）

金牌變性舉重選手扭傷退賽，參賽已引起女選手不滿

https://goo.gl/gSu41Q

　　紐西蘭變性舉重選手哈伯德（Laurel Hubbard）日前參加英聯邦運動會（Commonwealth Games）的女子組 90 公斤以上級的競賽，不慎扭傷左手肘韌帶導致手肘變形，舉重生涯恐提前結束。

　　綜合外媒報導，38 歲的哈伯德去年在國際舉重錦標賽獲得 90 公斤以上級的舉重冠軍，從此一戰成名。今年，她代表紐西蘭參加英聯邦運動會，在 4 月 9 日一場女子 90 公斤以上級舉重中，抓出 130 公斤成績，遙遙領先隨後選手的 113 公斤。

　　但就在挺舉時，哈伯德的左手臂突然向後拗變形，在試舉 130 公斤失敗後，黯然退出比賽。最後由代表薩摩亞出戰的史東華絲（Feagaiga Stowers）以 253 公斤的總成績贏得金牌。

　　史東華絲的教練沃爾沃克（Jerry Wallwork）在賽前就曾質疑哈伯德的參賽資格，認為男人即使變性成為女人，但並不會影響男性原有肌肉跟體格，「這對所有參賽的女性不公平，國際奧委會雖然認同，但我們不會停止抗議」。

　　其實，哈伯德去年參賽奪金，已經引發不少爭議，特別是她變性人的身分，曾引起同場競技的女選手不滿，認為比賽不公平。她的隊友態度更是強硬地說，如果自己是哈伯德，參加比賽就等同與別人在不同的起跑線，有失公平的比賽為何還要參加？

　　一般而言，社會大眾尊重變性者的權益，但對於強調公平性的運動競技還是存在很大的爭議。過去印度田徑女將洽德（Dutee Chand）就是因為「雄性激素」超標一度被禁賽，但哈伯德如此明顯的身體差異卻沒有任何檢討，也難怪造成反彈聲浪。（艾以琳／綜合外電報導）

（照片請參看網站文章，在此非常感謝風向新聞的授權）

問題與討論：（十至十二年級適用）

1.哈伯德參加女子組的競賽引發什麼樣的爭議？

2.教練質疑國際奧委會「不公平」的理由為何？

3.你認為他的抗議是否合理？如果你是國際奧委會委員，你會如何回應？

案例 F（國際案例）

電玩會影響性別歧視的態度——研究發現

https://goo.gl/m9KTzA

電玩遊戲曝光和性別歧視在青少年代表性樣本中的研究
Bègue, L., Sarda, E., Gentile, D. A., Bry, C., & Roché, S. (2017).
Video games exposure and sexism in a representative sample of
adolescents. Frontiers in Psychology, 8, 466.
http://doi.org/10.3389/fpsyg.2017.00466

簡介：

　　2017 年的一項研究，調查了 13,520 名年齡在 11～19 歲之間的法國青年，研究他們花在遊戲上的時間，以及他們對女性和性別刻板印象的態度。結果發現，花費大量時間玩視頻遊戲的青少年更容易產生性別歧視態度。

　　研究者指出，性別歧視已經充滿了廣告、電視和電影，電玩遊戲也不例外。在電玩中，女性角色常是需要被拯救的公主或次要的角色，或是被征服的性化對象。其中，所呈現的女性通常不具代表性，常被描述為「需要幫助、被動、或僅是工具性的角色」，甚至被描述為「被贏得的性物品」。

　　目前有 48% 的視頻遊戲玩家都是女性，電玩除了影響其性別歧視態度之外，這些女性反覆暴露於偏頗的女性角色中，還可能導致女性對身體的不滿、物化自我以及飲食失調。

（全文請參看網站文章或影片）

問題與討論：（十至十二年級適用）

1. 在生活中，媒體、動漫或遊戲中有哪些性別刻板印象或性別偏見？
2. 我們要如何注意避免受其影響？

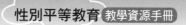

附錄

性別平等教育《教學資源手冊》

附錄一　議題融入說明[1]

　　我國的《性別平等教育法》於 2004 年 6 月 23 日公布施行，其目的「為促進性別地位之實質平等，消除性別歧視，維護人格尊嚴，厚植並建立性別平等之教育資源與環境」（第 1 條）。在實施上不僅具有法源依據，更具有強制各級政府與教育機構執行的合法性與正當性（如表 1 所示）。

　　「性別平等教育」的推動，即是希望透過「教育」的歷程和方法，消弭一切性別差別待遇、歧視、性別刻板印象，以及種種的不合理壓迫，促使各種性別或性傾向者都能站在公平的立足點上發展潛能，不因生理、心理、社會及文化上的性別因素而受到限制；更期望經由教育上的性別平等，促進社會性別地位之實質平等，亦期能與國家社會之整體發展相互配合，共同打造性別平等之新世界。

　　在「國民中小學九年一貫課程綱要」中，性別平等教育以社會新興議題融入成為國定課程的一環，除了編有課程綱要，更訂定各學習階段之能力指標，供教科書出版業者與各級學校發展學校本位課程之參照，並促使各學習領域在知識建構上能融入性別平等教育能力指標，以使各學習領域的知識內涵能反映性別平等的意涵。

　　「十二年國民基本教育課程綱要」之十九項議題中的性別平等、人權、環境與海洋等四項議題，為全球關注、屬國家當前重要政策，是培養現代國民與世界公民之關鍵內涵，同時也是延續九年一貫課程之重大議題。

　　議題工作圈在配合各領域／科目課程綱要訂定之時，同步發展四項重大議題之「基本理念、學習目標、核心素養、學習主題與實質內涵」，以及主要融入之領域／科目的建議與示例，以為各領域／科目綱要研修時，一併於研擬其課程元素項目時，能適時統整、融入此等議題要項之內容，並彰顯議題所倡議之「尊重多元」、「同理關懷」、「公平正義」，以及「永續發展」等核心價值。

---

[1] 摘錄及改寫自《十二年國教課程手冊》及莊明貞（2004）。**重大議題能力指標重點意涵與教學示例：性別平等教育議題**。國立教育研究院籌備處研究計畫。（NAER-93-06-A-1-06-02-2-34）

表 1 性別平等教育議題重要性之依據

議題名稱	依據
性別平等教育	「聯合國消除對婦女一切形式歧視公約」 《消除對婦女一切形式歧視公約施行法》 《性別平等教育法》 《行政院性別平等政策綱領》

　　為進一步提供教科書編寫、學校層級與教師層級之課程發展與教學需要，茲將性別平等教育議題的學習目標與學習主題彙整如表 2 供參考。

表 2 性別平等教育議題的學習目標與學習主題

議題	學習目標	學習主題
性別平等教育	・理解性別的多樣性，覺察性別不平等的存在事實與社會文化中的性別權力關係。 ・建立性別平等的價值信念，落實尊重與包容多元性別差異。 ・付諸行動消除性別偏見與歧視，維護性別人格尊嚴與性別地位實質平等。	・生理性別、性傾向、性別特質與性別認同多樣性的尊重。 ・性別角色的突破與性別歧視的消除。 ・身體自主權的尊重與維護。 ・性騷擾、性侵害與性霸凌的防治。 ・語言、文字與符號的性別意涵分析。 ・科技、資訊與媒體的性別識讀。 ・性別權益與公共參與。 ・性別權力關係與互動。 ・性別與多元文化。

附錄二　主題對應之性別平等教育核心素養及可融入科目／領域

主題	性別平等教育核心素養		融入科目／領域
生理性別	性 A1	尊重多元的生理性別、性別氣質、性傾向與性別認同，以促進性別的自我了解，發展不受性別限制之自我潛能。	自然、綜合、社會、健體
性別認同	性 A1	尊重多元的生理性別、性別氣質、性傾向與性別認同，以促進性別的自我了解，發展不受性別限制之自我潛能。	自然、綜合、社會、健體
性別刻板印象	性 A2	覺知生活中性別刻板、偏見與歧視，培養性別平等意識，提出促進性別平等的改善策略。	自然、綜合、社會、健體、生活、科技
	性 B2	培養性別平等的媒體識讀與批判能力，思辨人與科技、資訊與媒體之關係。	
性傾向（性取向）	性 A1	尊重多元的生理性別、性別氣質、性傾向與性別認同，以促進性別的自我了解，發展不受性別限制之自我潛能。	自然、綜合、社會、健體、數學
	性 C3	尊重多元文化，關注本土的性別平等事務與全球之性別議題發展趨勢。	
性別平等／歧視	性 A2	覺知生活中性別刻板、偏見與歧視，培養性別平等意識，提出促進性別平等的改善策略。	自然、綜合、社會、健體、數學、英語、國語、生活
	性 B1	了解語言、文字等符號的性別意涵，分析符號與人際溝通中的性別權力關係。	
	性 C1	關注性別議題之歷史、相關法律與政策之發展，並積極參與、提出建議方案。	
	性 C2	覺察人際互動與情感關係中的性別權力，提升情感表達、平等溝通與處理情感挫折的能力。	

附錄三　真善美教學資源分享網：實用性別平等教育課程

（資料來源：http://www.goodlife-edu.com/35）

、實用性別平等教育課程總目錄

一、專供教師閱讀用之課程說明

編號	檔案名稱
1	「實用性別平等教育課程」系列設計總目錄
2	「實用性別平等教育課程」教學單元設計總說明
3	第 1 單元「校園霸凌」教學設計理念與架構說明
4	第 2 單元「性別與特質」教學設計理念與架構說明
5	第 3 單元「尊重性取向」教學設計理念與架構說明
6	教師宜具備之第 3 單元「尊重性取向」教學先備知識

二、各節教學設計內含檔案

編號	單元名稱		內含檔案
1	第一單元 校園霸凌	第一節：那些年，我們一起發生的故事	教案、PPT、學習單
2		第二節：這一天，我們一起學習的事	教案、PPT
3	第二單元 性別與特質	第一節：那些年，我可能不會愛你	教案、PPT、學習單、影片 教具：學生版、老師版
4		第二節：那些年，記得當時年紀小	教案、PPT、FLASH

性別平等教育 教學資源手冊

編號	單元名稱		內含檔案
5	第三單元 尊重性取向	第一節：小嵐的秘密 第二節：人口比例大考驗 （兩個教案請連續上完）	教案、PPT、FLASH
6			教案、PPT、影片
7		第三節：小嵐的苦惱 第四節：新聞報一報 （兩個教案請連續上完）	教案、PPT、FLASH
8			教案、PPT、FLASH

貳、「實用性別平等課程」教學單元設計總說明

一、三大單元設計與性別平等教育的關係

本「實用性別平等教育課程」之教學內容共含三個單元，各單元依循教育部頒布之性別平等教育（以下簡稱「性平」）實施細則中，提示的課程教學重要主題，進行設計，以下分別說明。

（一）第一單元「校園霸凌」與性平之關係

分 2 節進行，透過認識、體會、討論「校園霸凌」，幫助學生理解人際互動中的偏見與歧視，並發展出建設性的回應方式，期待在培養學生深層尊重、拒絕霸凌的基礎上，進一步減少性霸凌的發生。

（二）第二單元「性別與特質」與性平之關係

分 2 節進行，透過「性別與特質」，幫助學生理解人們，包括自己，對於性別特質、興趣、職業等常不知不覺流露的性別刻板印象，進一步覺察人在性別表現上的豐富，並學習以互相尊重與欣賞的態度，彼此對待。

（三）第三單元「尊重性取向」與性平之關係

分 4 節進行，透過貼近青少年生活世界的教學設計，反映當前「多元性傾向」價值觀的分歧，幫助學生在此氛圍中，建立「尊重性取向、拒絕貼標籤」的知能與態度，其主要目標包括：

- 認識同性戀存在的事實。

- 尊重同性戀者的性取向。

- 破除對同性戀行為及非同性戀行為的偏見。

- 建立尊重「不同性取向者平等表達意見」的權利。

- 了解所謂在性取向意見上採取「寬容」的態度，是指容許別人持有和自己不同意見，而彼此仍然能和睦相處。

二、使用本課程系列單元設計之建議

（一）本三大單元之擇用

1. 本三大單元「間」並無必然的邏輯關係，可以依學生需要擇取適合的單元來教導，亦即某些單元可暫時不教。但因為各單元「內」的各節在設計時，有相關密切的概念、態度和能力，需要發展，故對於「該單元之各節關鍵內容」，應完整教導，當然其中活動方式和學習單，可視教師經驗靈活替換更適合的。

2. 各單元議題之間，雖然沒有邏輯的必然關係，但對學生而言，有概念學習的優先順序，本課程編輯群建議教師仍依照出現各單元次第，順序教導。為便利教師的取用，各節課依次編號，例如：第 2 單元第 1 節，若按次第順序屬第 3 節，故在目錄中會以「L3 第二單元性別與特質第一節……」的名稱出現，同理，第 3 單元第 4 節會以「L8 第三單元尊重性取向第四節……」的名稱出現。

（二）單元時間之設計

本系列課程設計共有 8 節，皆以 40 分鐘為度，故全部教完，至少需要花費一般中小學的 8 節課。此 8 節可隨學校課表找適當時間實施，教師可依學生理解深度和興趣程度延伸活動或精簡之，但本編輯群建議在學生認知負荷及學校排課允許的情況下，各單元的第 1 和 2 節，用兩節連在一起的時間一次教完。

（三）各單元之教學設計理念和架構，請參見各該單元說明

（四）進行第 3 單元「尊重性取向」教學前，務請教師仔細閱讀該單元
　　　涉及的先備知識

（五）第一課有學習單的設計，教師可依照需要自行設計其他堂課的學
　　　習單，以加深學生的印象

附錄四　名詞解釋

SRY 基因（sex-determining region of Y-chromosome）：是人體 Y 染色體短臂末端上的一段基因片斷，該基因是決定男性睪丸發育的主要基因，由 Sinclair 在 1990 年發現。目前認為，SRY 基因就是唯一一個性別決定基因，因此在血液、精液樣本中可以通過尋找該基因片斷，達到判斷測試者性別的目的。取自 https://reurl.cc/yrE0q

穆勒氏抑制因子（Müllerian inhibiting factor, MIF）：一種在哺乳動物性別發育中起重要作用的激素分子，對睪丸發育和精子發生也有一定作用。取自 http://www.thehealthdb.com/content/5691/

生理性別（Sex）：意指男女生理上的差異，即所謂的生物性別，是從生物學的角度區分兩性間先天的生理差異，來自於遺傳和生物的結果。大致上，人類乃以 XY 染色體決定性別，在出生時，生理結構上即有明顯的差異，屬於一生物事實。

社會性別（gender）：意指社會建構的男女身份認同、特質、角色，以及社會賦予男女生理差異的社會文化意義。

性別認同（gender identity）：亦即所謂的心理性別，指的是個人對於自我偏向男性化或女性化特質的相對知覺，或個人對自我歸屬性別的自我認知與接受。

順性別者（cisgender）：意指性別認同與生物性別／法定性別一致（例如：具有男性生殖器官並認同自己為男性）。

跨性別者（transgender）：指心理性別與生理性別不一致者。當性別認同與生理性別／法定性別不一致時〔簡稱性別不一致（gender discordance）〕，例如：具有男性生殖器官但認同自己為女性，或者是性別認同在男女之間，非男性亦非女性等情況，概稱為「跨性別者」。

性別不安（gender dysphoria）：若因為個人的心理性別認同，與出生時的指定生理性別有所差異，因而感到困擾，使得心中產生困擾，則稱為性別不安（DSM-5）或性別認同障礙（ICD-10）。

性別刻板印象（gender stereotype）：性別刻板印象是社會及個人以「性別」為最初的分類基礎，對男女所具有的特徵、特質、角色及職業等抱持著先入為主的觀念。性別刻板印象如果太過嚴重，有可能會僵化而限制個人的身心發展，影響彼此互動。

性傾向（或性取向）（sexual orientation）：指一個人對男性、女性或兩性產生之持續的情感（emotional）、愛戀（romantic）或性吸引（sexual attractions）的模式。性傾向也指一種身分意識，一種基於這些吸引力、相關行為，以及身為這些相關社群一員而形成的身分意識。

性別平等（gender equality）：聯合國婦女訓練中心將其定義為女性和男性之間的平等，亦即女性和男性在權利、責任與機會上的平等，承認單一性別內的多樣性，拒絕以刻板印象去定義性別的樣態。

性別歧視（gender discrimination）：聯合國的性別平等詞彙表定義其為任何基於性別（sex）的區別、排斥或限制，其作用或目的在於阻礙或抵銷女性（不論其婚姻狀況如何）基於男女平等、人權和基本自由所應享有的認可、權益或行使權（包括在政治、經濟、社會、文化、公民或其他領域上）。

性別的多樣性（gender diversity）：意指有些人的性別偏好和自我表現與一般所了解的性別規範不一樣。

歧視（discrimination）：意指基於刻板印象或偏見而給予不公平的對待。

偏見（prejudice）：意指個人對於特定群體（如政黨、種族、國家、民族、宗教、性別）或所屬成員的刻板印象，所產生的曲解或負面態度。

形式平等（uniform equality）：指法律一視同仁，不問對象或事實差異，均為相同之處置。

實質平等（substantive equality）：實質平等是因應差異而產生，強調「合理的差別對待」，通常是在考慮原來處於不平等狀態者的特殊保障時適用。也就是「相同事物為相同之處理，不同事物為不同之處理」，不得將「事物本質」不相關的因素納入考慮。我國《憲法》第 7 條所

定之平等權，即為保障人民在法律上地位之實質平等，並不限制法律
授權主管機關，斟酌具體案件事實上之差異及立法之目的，而為合理
之不同處置。實質平等的倡議者因而強調男女間之差異應受到尊重，
其資源與機會應受到相同之保障。

直接歧視（direct discrimination）：指明顯以生理性別或社會性別差異為
由所實施的差別待遇。

間接歧視（indirect discrimination）：指法律、政策、方案或措施因為忽略
既存的不平等狀況，表面上無任何歧視，但在實際上卻產生歧視的效
果。

國家圖書館出版品預行編目（CIP）資料

性別平等教育：教學資源手冊 / 丁雪茵等作.
--初版. -- 新北市：心理，2019.01
面；　公分.--（性別教育系列；32006）
ISBN 978-986-191-853-2（平裝）

1. 性別平等　2. 性別教育

544.7　　　　　　　　　　　　　　　107023139

性別教育系列 32006

性別平等教育：教學資源手冊

主　　　編：丁雪茵
作　　　者：丁雪茵、蔡志東、包康寧、陳靜妃、王千倖
責任編輯：郭佳玲
總　編　輯：林敬堯
發　行　人：洪有義
出　版　者：心理出版社股份有限公司
地　　　址：231 新北市新店區光明街 288 號 7 樓
電　　　話：(02)29150566
傳　　　真：(02)29152928
郵撥帳號：19293172 心理出版社股份有限公司
網　　　址：http://www.psy.com.tw
電子信箱：psychoco@ms15.hinet.net
駐美代表：Lisa Wu（lisawu99@optonline.net）
排　版　者：辰皓國際出版製作有限公司
印　刷　者：辰皓國際出版製作有限公司
初版一刷：2019 年 1 月
初版二刷：2019 年 4 月
I S B N：978-986-191-853-2
定　　　價：新台幣 350 元